Frühstart ist wichtig! Die wahren Abenteuer sind im Kopf, sagen die Kenner, und ob du es glaubst oder nicht, genau so ist es, und gleich die Frage: Warum?

Pass auf. Wenn du als Kind einen Wasserkopf hast punktieren dir die Ärzte so lange bis der Gardasee vollläuft, oder sie geben auf, und dann sagen sie: Bringt nichts. Dann kannst du selber schauen.

Depression ist anders. Du schläfst als Säugling beim Saugen ein. Du schläfst mit Vierzig Fieber ein. Du schläfst in der Schule ein, sogar beim Sport. Und du hast die phantastischsten Ideen und Wünsche im Kopf. Und dann ist das doch kein Wunder, wenn du eines guten Tages als Frührentner gedankenversunken vor dem barocken oberbayerischen Dorfkirchenaltar stehst, und jetzt kann´s losgehen…

Lothar Schenk wurde 1954 in Borken geboren und lebt in Kirchanschöring.

Lothar Schenk

Oberbayerischer Treibsand
(Ruhrpottler auf Urlaub in Oberbayern)

Oberbayern Krimi

Books on Demand

Ausführliche Informationen über den Autor und seine Bücher finden Sie auf seiner Website
lothar-schenk.jimdo.com

© 2013 Lothar Schenk

Ähnlichkeiten mit noch lebenden oder bereits verstorbenen Personen sind nicht beabsichtigt und rein zufälliger Natur. Alle Personen und Handlungen in diesem Buch hat der Autor frei erfunden.

Herstellung und Verlag:
BoD – Books on Demand, Norderstedt
ISBN 978-3-7322-4204-7

Prolog

„Dat die Bayern alle voll einn anne Klatsche hamm, dat weiß doch jeder, manchmal sogga no mehr als die Östareicher, abba dat wolln die alle nich wahr ham…".

„Gets lass mal gut sein Hubbert. Hauptsache dat wa bald da sind, un nich sonn Stau wie ann Ierschenberg, fast vier Stunden. Siehse eigendlich die Anderen noch inn Rückspiegel, oda ham wa die verloren?"

„Also ich seh niemand Daisy, aba die kommen schon, wiersse ˙sehn, der Emil kennt sich hier ja super aus, und der Willi war ja auch schon öfters hier."

Es ist das Martyrium, auf das wir starren, weil der Mensch das Martyrium so sehr braucht, und da hängt der INRI am Kreuz und schaut, so als wolle er uns einladen, ihn vielleicht kurz mal am Kreuz zu vertreten.

Keine Frage. In oberbayerischen Kirchen ist das Martyrium irgendwie anders. Barocke Sinnenfreude betört den Betrachter, und noch mehr gesteigert wird sie im Rokoko, und da grenzt es ja wohl kaum an ein Wunder, wenn dem beeindruckten Besucher so profane Dinge wie Goldstück oder

Goldbarren einfallen, denn warum eigentlich nicht.

Frühstart ist wichtig! Die wahren Abenteuer sind im Kopf, sagen die Kenner, und ob du es glaubst oder nicht, genau so ist es, und gleich die Frage: Warum?

Pass auf. Wenn du als Kind einen Wasserkopf hast punktieren dir die Ärzte so lange bis der Gardasee volläuft, oder sie geben auf, und dann sagen sie: Bringt nichts. Dann kannst du selber schauen.

Depression ist da anders. Du schläfst als Säugling beim Saugen ein. Du schläfst mit Vierzig Fieber ein. Du schläfst in der Schule ein, sogar beim Sport. Und du hast die phantastischsten Ideen und Wünsche im Kopf. Und dann ist das doch kein Wunder, wenn du eines guten Tages als Frührentner gedankenversunken vor dem barocken oberbayerischen Dorfkirchenaltar stehst, und jetzt kann´s losgehen...

Im blauweißen Spätsommer, wenn die Schatten nachmittags schon länger und alle Gerüche intensiver werden, wenn du auf der Autobahn den Irschenberg abwärts Richtung Inntal rast, weil dir und deinem Automobil gerade hier das Rasen wie die Erlösung vorkommt, weil sich der stundenlange Irschenbergstau endlich aufgelöst hat, und dann kriecht dir wieder das Bayerngefühl im ganzen Körper und rundummedum, und das musst du wissen, es gibt verdammt viele Antworten, warum gerade Oberbayern von den meisten Menschen so stark mit Bayern gleichempfunden wird, quasi die Jodler die Trachtler die Fremden die Saupreußen die CSU das Miasanmia das Bier und und und, und die Landschaftsbilder verstärken dieses Gefühl natürlich noch, aber nicht nur die, das wird klar, wenn du die Autobahn bei Bernau verlässt und Richtung Prien fährst, dann kurz vor der Feuerwache Prien links abbiegst, auf dem schmalen Asphaltsträßchen erreichst du oben auf dem Hügel Urschalling, du parkst beim Mesnerwirt, besichtigst zuerst die romanische Kirche mit ihren einzigartigen Fresken, danach kehrst du beim *Simmerl*, also beim Mesnerwirt ein, und spätestens beim Schweinsbraten, dazu ein dunkles würziges Bier, später noch ein großes Stück seines selbst gebackenen Kuchens, dazu ein Haferl Kaffee, glänzen deine Augen, und jetzt spürst du die wohlige Wärme im Bauch, und dann schaust du dir den Wirt und seine Gäste an und denkst „mei schee", und der Ruhrpottler, und davon sitzen auch einige beim *Simmerl*, würde lustvoll ausrufen: „Kummal Marianne, dat is Bayern!"

Dein Reiseziel ist die Region um den Waginger See, genauer gesagt die südöstliche Seite, eine beschauliche, vom Massentourismus noch weitgehend verschont gebliebene Gegend, der liebliche Rupertiwinkel, dazu gehören Ortschaften wie Kirchanschöring, Fridolfing, die alte Stadt Laufen und und und, und dann erzählt dir am zweiten Tag, abends beim Wirt, einer diese schauerliche Geschichte, und das musst du wissen, sogar hier gibt es Mordopfer und Mörder.

Und jetzt pass auf. Eigentlich wäre der sechsundzwanzigste August ja ein Tag wie jeder andere gewesen. Die Dicke von Nebenan sitzt vorm Fernseher. Zweistündlich hält der Zug. Entweder er fährt Richtung Salzburg. Oder er fährt Richtung Mühldorf. Seit gestern zwitschern immer mehr Vögel. Und immer lauter. Vielleicht auch nur Einbildung. Und die Post kommt erst nachmittags. Dauernd neue Postboten. Da fehlt es gleich überall. Und das ist schon eine Last, das Urlaubmachen. Immer neue Situationen. Immer neue Sinnestäuschungen. Immer neue Eindrücke, obwohl du doch alles schon kennst, und dann noch das Bier, und der Obstler, und der Schweinsbraten und und und, und da denkst du leicht einmal, wäre ich doch besser Daheim geblieben.

Wie gesagt, eigentlich wäre der sechsundzwanzigste August ein Tag wie jeder andere gewesen, wenn nicht der Notarztwagen und die beiden Polizeiautos vorm Nachbarhaus gestanden wären…

1

Die kleine Steffi steht schon seit zehn Minuten am Gartenzaun, und dass ihre Puppe Herr Meier heißt ist auch kein Zufall, denn Herr Meier ist der kleine dicke Mann, also der, der direkt neben der Kirche wohnt, und der hat ihr nämlich schon oft einen roten Lutscher geschenkt, und so einen roten Lutscher mag sie besonders gern.

Sie starrt Richtung Einfahrt des Nachbarhauses. Polizeiautos. Der Notarztwagen. Und dann kommt auch noch der Leichenwagen.

Die fünfundachtzigjährige Elisabeth liegt leblos im Flur ihrer Wohnung. Es gibt keine Anzeichen auf Gewalteinwirkung von Außen. Der Notarzt kann nur noch Elisabeths Tod feststellen. „Die verrutschte Zahnprothese hat die Luftröhre blockiert. Natürlicher Tod durch Ersticken." Doch Kommissar Zauner ist skeptisch und beschlagnahmt die Leiche. Sie wird in die Gerichtsmedizin gebracht und obduziert.

„Da vorne im Wald hängt ein Mann am Baum."

„Woher weißt du denn das, Steffi?"

„Das hat mir Herr Meier gesagt."

„Etwa der Mann, der neben der Kirche wohnt?"

„Nein Mama, Herr Meier, meine Puppe. Herr Meier hat auch gesagt, dass der Mann keine Arme und keine Beine mehr hat, und ein Auge fehlt auch."

„Komm Steffi, wir gehen rein. Das hat sich Herr Meier doch bestimmt nur eingebildet."

„Nein Mama, ganz bestimmt nicht. Du kannst Herrn Meier ja selber fragen."

Im Wohnzimmer läuft noch der Fernseher. Regionalfernsehen Oberbayern. Und kaum sitzen die kleine Steffi, Herr Meier und die Agnes, so heißt die Mutter der kleinen Steffi, alleinerziehend, weil sich nämlich der Herr Baumgärtl, also der Vater der kleinen Steffi, Hans hieß er mit Vornamen, vor drei Jahren im Wald aufgehängt hat, die Schwiegereltern wohnen auch mit im Haus, also kaum sitzen sie auf dem großen Sofa vor dem Fernseher, da berichtet das Regionalfernsehen Oberbayern in seinen Nachrichten von den beiden Toten, einer Frau, die erstickt im Flur ihrer Wohnung lag, ihr Sohn hat sie dort gefunden als er mit den frischen Frühstückssemmeln vorbeikam, und der hat sofort den Notarzt und die Polizei gerufen, er wohnt nur wenige Hundert Meter weiter in der Ortsmitte, und einer Joggerin die einen verstümmelten jungen Mann gefunden hat, der mit einem langen Seil an einer hohen Buche hing, aus den Stümpfen seiner abgetrennten Arme und Beine und der leeren Augenhöhle tropfte dunkelrotes Blut, er konnte also noch nicht all zu lange tot gewesen sein. Sie rief mit ihrem Handy sofort die Polizei, und die war sehr schnell zur Stelle, denn sie waren ja kurz zuvor bei der erstickten Elisabeth und gerade erst losgefahren, also noch im Ortsgebiet.

Und jetzt pass auf, der Waldboden unterm Baum ist blutgetränkt und hat Scharen von Fliegen angelockt, und beim Baum steht die Joggerin, und dass ihr plötzlich der geschnitzte Holzjosef aus der Weihnachtskrippe eingefallen ist, darüber hat sie später noch oft nachdenken müssen, weil normal ist das ja nicht, denn wer denkt schon in so einer Situation an den Weihnachtskrippenholzjosef, wenn da oben über dir einer am Baum hängt, und dem Zauner ist natürlich auch einiges eingefallen als er mit seinen Kolleginnen in den Wald ist, zum Beispiel wie er nach der Weihnachtsfeier mit der jungen Polizistin und und und, und dann ruft die Christiane „Kuck mal, da hängt er!", und der Himmel über den Baumwipfeln ist so schön blau, und die Sonne strahlt.

„Hast du schon gehört was heute Morgen der Maria passiert ist, als sie im Wald joggen war?"

„Nee, was denn?"

„Das haben sie ja auch in den Nachrichten gebracht."

„Was denn? Jetzt erzähl schon."

„Die Maria hat einen total verstümmelten toten Mann gefunden, der mit einem Seil um den Hals an einem Baum hing. Arme und Beine abgehackt. Ein Auge rausgeschnitten. Und alles voller Blut. Toll, oder? Ich glaub, ich geh nie wieder alleine in den Wald."

„Wahnsinn. Und jetzt?"

„Die Polizei war ruck zuck da. Die waren ja kurz davor bei der Elisabeth."

„Bei welcher Elisabeth?"

„Die kennst du auch. Die wohnt da hinten beim Bahnhof."

„Ja und warum waren die vorher bei der Elisabeth."

Christas Blick wird immer neugieriger.

„Die war doch letzte Woche noch beim Seniorenstammtisch."

„Ganz genau. Und heute Morgen lag sie tot im Flur. Erstickt an der eigenen Zahnprothese. Stell dir das mal vor. Der Sohn hat sie gefunden."

Klaus Zauner runzelt die Stirn als er die Obduktionsergebnisse liest. „Also doch. Mord! Die Sache kam mir von Anfang an komisch vor. Die war überhaupt nicht blau im Gesicht. Das hätte dem Notarzt doch auch auffallen müssen."

2

„Dat is gets heute schon dat zweite Mal, dat uns hier Besoffene vor dat Auto rennen, und noch nich mal dunkel draußen."

„Dat wern heute noch mehr Hubert, wiersse sehn. Hasse der eine Bekloppte gestern gesehn, der beim Achmed vorre Tür lag, und den se dann mit fünf Männer nach Hause getragen haben."

„Ne. Wat fürn Bekloppten meins du denn, und wat fürn Achmed?"

„Hubert. Der Achmed. Dat is doch der Wirt. Der Albaner. Und als wa raus sind, lag der Dicke vorre Tür. Da bissu gestern fast rübergefallen, alsse die Tür aufgemacht has nachm Essen."

„A so, Emil. Du meins gestern bein *Felber Wirt*. Dat Essen."

„Getz kannse dich wieda erinnern, oda? Du has doch die schöne Stuckdecke mitn Camcorder, und dann bisse anne Tischdecke hängen geblieben und has dat Essen vonne Daisy und vom Ingo 1 untern Tisch gezogen, aber dat hat die Frau vom Achmed sofort alles sauber gemacht, und dat der Achmed dann kostenlos nommal neues Essen gebracht hat, dat fand ich ja auch total super. Bloß dat mit die vielen Schnäpse, dat hat irgendwie nich so ganz hingehauen, aba wat sollt, is ja Urlaub. Hasse dat eigentlich auch gehört, Hubert?"

„Wat denn, Emil?"

„Dat die Dicke ausse Pizzaria aufhört."

„Du meins die Südtirolerin, die immer soviel Ramazotti säuft."

„Ganz genau, gets hasset gesacht."

„Und wer macht dat dann weiter?"

„Ich mein, dat dat dann der Achmed mitmacht, oder has du wat anderes gehört, Daisy?"

„Ich hab da eigentlich noch gannix von gehört. Dat hör ich gets dat erste Mal. Abba kann schon sein. Dann macht dat bestimmt die Gülay mit, die Frau vom Achmed."

Klaus Zauner zieht sein Handy aus der Jackentasche. Eine Frauenstimme. Anonymer Anruf. Vermutlich von einer Telefonzelle.

„Aber woher hat die Frau meine Handynummer?"

„Sprech ich mit Kommissa Zauna?"

„Neue Bundesländer. Eindeutig!"

„Ja. Und mit wem spreche ich."

„Dos is ünwüchtich. Ich hob wos beöbochtet. A Töda im Audo. Gleich hinda Früdolfüng im Wöld."

Die Frau hat aufgelegt.

„Merkwürdig!"

„Du Christiane, wo seid ihr gerade?"

„Höhe Taching. St. Coloman. Angeblich wollten zwei Männer in die Kirche einbrechen. Ist aber niemand mehr hier."

„Ok. Pass auf. Kannst du mit dem Antholzer mal Richtung Fridolfing fahren. Am Wald oder im Wald, schätzungsweise irgendwo kurz vor Götzing, soll ein Pkw mit einem Toten drin stehen."

„Verstanden Klaus. Wir fahren hin."

„Danke. Und seid vorsichtig!"

„Alles klar. Bis später."

Pastor Meiner war früher Pfarrer in Kirchanschöring. Er war seit Jahren im Ruhestand, half aber gelegentlich noch aus, wenn Not am Mann war. Seit er im Ruhestand war reiste er viel. Südamerika. Nordafrika. Der nahe Osten. Der Adriaraum. Die Fahrertür seines silberfarbenen Golf 5 lässt sich problemlos öffnen. Sie ist nicht verriegelt. Pastor Richard Meiner sitzt aufrecht mit beiden Händen am Lenkrad. Er hat eine leicht gelbliche Hautfarbe und wirkt, als würde er nur schlafen. Aber er ist tot. Seine Augen sind geöffnet. Die Leichenstarre hat bereits eingesetzt. Kein Blut. Kein Erbrochenes. Keine sichtbaren Verletzungen. Keine Tatwaffe. Nichts deutet auf ein Gewaltverbrechen hin. Er sitzt einfach tot in seinem Golf, und der steht am Waldrand auf dem schmalen Parkplatz, wenn du von Tettenhausen(Waginger See) Richtung Fridolfing fährst, kurz vor Götzing.

Kommissarin Christiane Zirmer und ihr Kollege, Polizeiobermeister Peter Antholzer, untersuchen den Tatort gründlich auf Spuren. Sie rufen den Notarzt aus Fridolfing, die Presse kommt auch gleich mit, weil sie irgendwie davon Wind bekommen haben, und dann kommt auch Klaus Zauner mit zwei weiteren Kollegen. Und dann…

„Ich hab was Merkwürdiges gefunden. Total versteckt. Ganz hinten im Handschuhfach."

Christiane Zirmer gibt Klaus Zauner das Beweismitteltütchen mit der merkwürdigen Goldmünze.

„Sonst habt ihr nichts gefunden?"

„Nein Klaus."

„Und der Notarzt?"

„Der musste schnell wieder weg. Herzinfarkt in Kirchanschöring."

„Und was meinte der Notarzt zu unserer Leiche?"

„Natürlicher Tod durch Herzversagen. Keine Gewalteinwirkung von außen. Vermutlich schon länger als einen Tag tot."

„Ok. Die Leiche ist beschlagnahmt. Leichenwagen rufen, und ab in die Gerichtsmedizin. Ich ruf den Abschleppwagen, und dann bringen wir den Golf zur Spurensicherung nach Rosenheim. Bis später!"

3

„Ein Pastor ist nicht ein Pastor wegen der Sensibilität, sondern wegen der Mutter Kirche", damit hat der Woikmann im Pfarrheim beim Seniorenkaffee das Mysterium um die rätselhaften Todesumstände seines Vorgängers im Ruhestand kommentiert, und das ist für einen waschechten oberbayerischen Dorfpiusbruder natürlich nichts Ungewöhnliches, denn wenn man bedenkt, was der englische Piusbruder gesagt haben soll, dass es den Hitler gar nicht gegeben hat, und dass sich die Juden in Wirklichkeit nur irgendwo versteckt hätten, um die Weltrevolution vorzubereiten…, aber zurück zum Woikmann, also der Woikmann hat dann noch hinzugefügt: „Und Gott hat uns uns gegeben. Wir sind wir, die wie die Steine glänzen, wenn der Gewitterregen auf uns fällt. Wir sind wir, im Herrn unserem Gott, Amen", und das hat die Senioren natürlich ausnahmslos schwer beeindruckt, und klare Botschaft: Gott weiß alles, und erst dann kommen die Schutzengel, und die Senioren: Langanhaltender Beifall!

    Und jetzt pass auf. Der Emil und der Hubert möchten mit den Anderen zum

Schlachtfest beim Bahnhofswirt, quasi Riesenfleischtopf Bier Obstler und und und, und beim Toilettengang erscheinen dann wie immer die Hämorriden, und dann denkst du das dauert das dauert das dauert…, und da fragst du dich schon, bevor du in den Gastraum zurückgehst: „Wer bin ich?", aber da hat der Ingo 1 ganz andere Probleme gehabt, also der Ingo 1 ist nicht der Zementwerk, der Ingo 1 ist der Lastwagen, weil der Ingo 2, also der Zementwerk, nämlich erst nächste Woche kommt, also der Ingo 1 verschwindet nach dem Kronfleischessen beim Bahnhofswirt ganz schnell durch die Hintertür. Aber was ist passiert? Also der Ingo 1 am darauffolgenden Tag ganz im Vertrauen zum Emil, quasi bloß nicht weitersagen, weil der Emil kennt sich ja aus, weil der arbeitet bei der Zeitung und hat diesen ausgeprägten Sherlockinstinkt, also der Ingo 1 zum Emil: „Und denn hab ich mich doch vorre Toilette voll inne Hose reingeschissen, ey dat gibt's garnich, nee sowat, ich sach dat dat dat Essen war, und denn danach noch die Schnäpse.", und da siehst du wie wichtig die Kontrolle bei einem oberbayerischen Schlachtfest beim Bahnhofswirt sein kann, denn sonst kann dir da ja alles.

    Jetzt was ist passiert, nachdem der Kommissar Zauner die Leiche von der Elisabeth, die halbe Baumleiche aus dem Wald und die Pastorleiche aus dem Golf in die Gerichtsmedizin, denn das musst du wissen, wenn die Ergebnisse im Nachhinein so stark gleich scheinen, obwohl rein äußerlich jede Leiche anders, und das haben sich der Zauner und seine Kolleginnen natürlich auch gedacht: Da geht was nicht mit rechten Dingen zu!, und genau so ist es.

Also pass auf. Die Christiane hatte den Verdacht ja als Erste, und den Zauner hatte ja vorher schon der Emil angerufen, und jetzt wissen wir auch, wie das mit der Presse läuft und und und, quasi der Hase und der Igel, und ätsch, der Sherlock war schon da und hat alles. Also. Der Zauner hat die Obduktionsergebnisse mit den Beweisstücken verglichen, und dann…

4

Die späten Augusttage sind im Rupertiwinkel meist sonnig und laden rund um den Waginger- und Tachinger See(die beiden Seen sind bei Tettenhausen miteinander verbunden) zum Baden und zum Wandern ein. Oberbayerns wärmster See bietet eine Vielzahl verschiedener Freizeit- und Erholungsmöglichkeiten, und die unterschiedlichen Wirtshäuser und Restaurants ergänzen dieses Wohlfühlprogramm auf angenehme Weise.

Was wollt ich jetzt sagen. Ach so. Der Hubert und die Daisy. Genau. Hubert Pannhof und Daisy Schlucker-Pannhof. Also die Tochter von dem berühmten Schlucker. Schon tot. Also der mit den dicken Dingern. Der Skulpturenkünstler. Da haben sie sich auch kennen gelernt. Also der Hubert war Kunstlehrer. Und dieser Umstand wird den Hubert und die Daisy schon bald bei der Wanderung nach St. Coloman auf ein unheimliches Geheimnis stoßen lassen, und da siehst du, wie wichtig die Kunst und das Kunstverständnis für einen Künstler sein können… Aber jetzt zurück. Der Hubert ist ja Frührentner. Und die Daisy ist auch Frührentnerin. Auch

Lehrerin. Biologie. Diese Leute sind ja immer so abgelenkt. Überall Natur! Sogar mitten in der Stadt. Klar! Nach dem langen Wochenende, na ja, Montag. Da ist die Daisy dann direkt vor den Schulbus gelaufen. Hat lange gedauert. Aber jetzt geht´ s wieder halbwegs. Das Gesicht ist anders. Aber sonst. Die haben auch einen Hund mitgebracht. Den Jacko. Männlich. Englische Dogge. Und alle in der gleichen Pension, bei Achmed und Gülay, beim *Felber Wirt* in Kirchanschöring, der Hubert, die Daisy, der Emil, der Ingo 1, der Hertenhubert, der Willi, die Hunde und und und. Also da hat der Emil schon etwas sparsam geschaut. Hubert und Daisy. Ich sag nur: Bibione. Und noch ein Hund.

Die Daisy konnte immer schon mit Hunden sprechen. Ihr Vater hat das behauptet und der Hubert meint das auch. Ich meine der Jacko. Ist doch klar, dass der sprechen kann. Nicht nur *Mein Hund kann sprechen*. Wie viel ist zwanzig weniger zwei, oder so. Nein. Richtig. Ich meine die anderen Hunde können das bestimmt auch. Aber vielleicht reden die so undeutlich. Oder der eine italienisch und die anderen zwei polnisch, weil die vom polnischen Autobahntiermarkt kommen. Kann doch sein. Und dann wird´ s natürlich schwierig.

Ist schon komisch. Die Daisy und der Emil. Da ist doch noch ganz viel Spannung. Ich meine beim Frühstück und so. Also dazwischen. Zwischenmenschlich negativ zwischen denen. Damals hieß sie nur Schlucker. Und dann war da dieses große Badetuch unter der Pinie. Direkt am Strand. Na und, könnte man einfach sagen. Nacktbadestrand. Macht doch nichts, oder. Da muss man auch mal irgendwohin. Ich meine geschäftlich. Also nackt. Der Emil hat sich natürlich genau diese große Pinie ausgesucht, direkt neben dem Stamm, du weißt schon, und hat den Hintern Richtung Strand, na ja vorne, das war dem Emil wohl etwas peinlich, ich meine dabei. Also alles bestens, also vorne und hinten, alles leer, und dann Daisy, gerade zurück auf dem großen Badetuch, und legt sich voll. Also da war ja am meisten Schatten unter der großen Pinie. Damit konnte die Daisy auch nicht rechnen, und der Emil war auch verschwunden. Darüber konnte die Daisy dann nicht mehr lachen, über das einseitig braune Gesicht. Damals konnte sie ja, wenn sie wollte, noch so richtig lachen, ich meine ohne Unfall. Sie hatte ja auch noch kein Schulbusgesicht. Klar oder? Also genau so eins wie der *Joker*, wie der *Jack Nicholson* im *Batman*. Nach dem Unfall mit dem Schulbus und dann die

Frührente. Also braun werden schon. Aber dann richtig. Den Hubert gab´s ja damals noch nicht, aber den alten Schlucker. Der lebte noch. Und er und die Ernestine, also die Frau vom alten Schlucker, also die Eltern von der Daisy, die haben am Strand gefilmt. Mit dem Tele. Superacht! Und zuhause war dann klar. Der Emil. Der war nämlich zufällig auf den Film gekommen. Ich sag nur: Bibione!

Und jetzt pass auf. Große Wanderung: Alle! Und wohin? Von Kirchanschöring nach St. Coloman, und von dort über Tengling, Taching, Tettenhausen, zurück nach Kirchanschöring. So. Und jetzt, was glaubst du werden die in der Wallfahrtskirche St. Coloman entdecken, nachdem ihnen die Mesnerin den großen Eisenschlüssel für die schwere Eingangstür…

St. Coloman liegt malerisch auf einem Hügel oberhalb des Tachinger Sees, und von dort hat der Besucher der kleinen Wallfahrtskirche bei klarem Wetter einen beeindruckenden Alpenpanoramablick über den Tachinger und Waginger See hinweg.

Auf ihrer offiziellen Homepage beschreibt die Gemeinde Taching am See die Kirche St. Coloman so:

„St. Coloman bei Tengling

St. Coloman ist mit seiner erhöhten Lage am nördlichen Ende des Tachinger See und dem Blick auf die Chiemgauer Bergkette eine der am schönsten situierten Kirchen im Rupertiwinkel. Zudem findet sich hier auch noch der einzig vollständig erhaltene und damit kunsthistorisch bedeutsame spätgotische Flügelaltar in dieser Gegend. Das am Benedikt-Radweg einen Kilometer östlich von Tengling gelegene St. Coloman ist also auf jeden Fall einen Abstecher wert – besichtigen kann man es allerdings nur bei Veranstaltungen oder wenn der daneben wohnende Mesner zu Hause ist.

St. Coloman, dem in unserer Gegend einige vor allem kleinere Kirchen und Kapellen geweiht sind, hatte im ländlichen Volksglauben eine tief verwurzelte Bedeutung als Viehpatron. Angerufen wird er aber auch gegen Krankheiten, bei Gewittern und bei übler Nachrede. Auf einem Gemälde an der südlichen Chorwand ist der Lebenslauf des Heiligen dargestellt. Ein Heiligenschein fehlt im Übrigen auf den Abbildungen, weil er als "Volksheiliger" von der Kirche nicht kanonisiert wurde. Von der Wallfahrt nach St. Coloman zeugen die vielen Votivtafeln, die früher in der Kirche hingen. Im Jahre 1646 schenkte der Kommunrichter Schmerold eine auf 10 Gulden geschätzte "Khue" (Kuh) zur Kirche Coloman, andere beschieden sich mit wächsernen Rößlein, Kälbern und anderem. Auch ein österlicher Umritt führte früher nach St. Coloman. Im 18. Jahrhundert dürfte die Wallfahrt eingeschlafen sein. Das Kirchlein verlor so zwar an Bedeutung, hat diesem Verlust aber zu verdanken, dass die Ausstattung im Wesentlichen unverändert blieb.

Ein Protokoll im Turmkopf vom 26.9.1826 sagt: "Diese Kirche St. Coloman, eine Filiale von Tengling, wurde nach 1421, wo Alt-Törring bei Haus durch Feindeshaus zerstört wurde, aus den dortigen Steinen erbaut. Später soll auch der Altar der dortigen Schloßkapelle nach Coloman übersetzt worden sein". Genauer datieren lassen dürfte sich die Bauphase anhand der Inschrift eines dem Stifter gewidmeten Fensters an der Nordseite des Altarraums: "Georgius Stroppl, korher zu ysen und pfarer zu Wäging 1503". Die Kirche wird also etwa um 1500 herum errichtet worden sein, und dass Baumaterial aus der nicht weit entfernt gelegenen, geschleiften Törringer Stammburg verwendet wurde, ist gut möglich.

Die Kirche St. Coloman war herrschaftliches Eigentum und Eigenkirche der Grafen von Törring mit dem Stammsitz im Nachbardorf. Erst 1870 verzichtete die Gräfliche Törringsche Herrschaft auf diese Rechte; seitdem ist die Kirchenstiftung die Eigentümerin. Erbauer war Seyfried („Seitz") von Törring-Seefeld; an ihn und seine Gemahlin erinnern zwei Glasfenster mit der Jahreszahl 1703, die wiederum zum vermuteten 200. Jahrestag der Errichtung eingefügt wurden. Bei einer Pflastererneuerung im Jahr 1864 wurde unter der Empore die Grundmauer eines Rondells mit einem Durchmesser von ca. 2 m aufgedeckt, so dass anzunehmen ist, dass an dieser Stelle bereits ein Vorgängerbau stand.

Die 22 Meter lange, einschiffige Kirche war im – zumindest in den ländlichen Gegenden nördlich der Alpen zu dieser Zeit noch vorherrschenden – spätgotischen Stil errichtet worden. In der Rokokozeit wurde sie umgebaut:

das Presbyterium bekam ein Rundbogengewölbe, die alten Fenster wurden durch sogenannte "Ochsenaugen" ersetzt, das gotische Portal, dessen Bogenabschluß unter dem Dach zu sehen ist, wurde vermauert und mit der Sakristei unter ein Pultdach gebracht. Im Original erhalten sind aber noch die gotischen Türbänder und Beschläge der Kirchentüre, eine Beachtung der damaligen Handwerkskunst sollte man deshalb schon beim Betreten nicht versäumen. Im Außenbereich rechts vom Eingang ist ein zeitgenössisches Werk zu sehen: das mannshohe Kruzifix stammt vom Kirchanschöringer Bildhauer Georg Winkler.

1885 schlug der Blitz in die Kirche ein und beschädigte das Rokokogewölbe im Altarraum, so dass es abgetragen werden musste. An seine Stelle kam ein neues hölzernes (!) gotisches Gewölbe, ein Werk des Zimmermanns Florian Seidl aus Gessenhausen. Auch durch einen gleichzeitig eingefügten spitzbogigen Mauergurt zwischen Langhaus und Altarraum und die Form der Fenster wurde die Kirche wieder der Bauepoche angepasst. 1682 hatte der Kommunrichter Eckmüller einen Turm errichten und decken lassen; an seine Stelle trat 1878 das jetzige Spitztürmchen, verfertigt von

Zimmerermeister Niederwinkler aus Waging. Die kleinere Glocke stammt aus dem Jahre 1531, die größere von 1745; sie musste im letzten Krieg abgeliefert werden, kehrte aber unversehrt zurück.

Von kunsthistorischer Bedeutung ist der spätgotische Altar, auf dessen Rückseite das Jahr 1515 angegeben ist. Er stammt aus der Werkstatt des Laufener Malers und Bildhauers Gordian Guckh, der zeitweise auch Bürgermeister und Kirchenpfleger in der Salzachstadt war. Belegt ist dies dadurch, dass seine Erben unter anderem auch wegen der Kirche St. Coloman mit Schuldnern prozessieren mussten. Im Gegensatz zum zur selben Zeit gefertigten Altar von St. Leonhard am Wonneberg, wo einige Tafeln in den neugotischen Altar integriert sind, ist der Altar von St. Coloman noch vollständig erhalten und damit in unserer Gegend einmalig. Das teils geschnitzte, teils bemalte Werk ist als sogenannter Umgangsaltar auch an der Rückseite bemalt, die Altarflügel haben wie damals üblich eine Feiertags- und eine Werktagsseite.

Ebenso bedeutend sind die bereits erwähnten Glasmalereien der Fenster im Chor, auch sie sind die einzig erhaltenen vergleichbaren Werke aus dieser Zeit im Rupertiwinkel. Das untere, 1503 datierte Nordfenster zeigt eine fein gezeichnete, farblich abgestimmte Maria mit Kind, die auf den Stifter herabblickt. Vielleicht noch etwas älter sind die jeweils oben gelegenen, mit Rankenmalereien versehenen Fenster.

Interessant sind auch die beiden ebenfalls aus der Zeit um 1500 stammenden geschnitzten Heiligenfiguren im Chor. Die Figur des Heiligen Vitus wurde nämlich aus einer Hl. Edigna umgearbeitet, was nicht nur den weiblichen Ausdruck erklärt, sondern auch das Attribut des Hahns. Und auch der Heilige Paulus an der Nordseite scheint ursprünglich eine andere Figur, nämlich ein Ritter mit Handschuhen und zunächst ohne Bart gewesen zu sein. Die 14 Kreuzwegreliefs im Langbau sind zwar nicht so alt, sondern erst Ende des 19. Jahrhunderts gefertigt worden. Ihre Besonderheit ist das Material. Sie sind aus Eisen und wurden im Achthal gegossen. Auf keinen Fall übersehen sollte man beim Verlassen der Kirche das Bild rechts von der

Türe: es ist das älteste im Bereich Tengling erhaltene Votivbild und wurde im Jahr 1626 von der Zollner-Familie aus Gessenhausen gestiftet.

Diese Zusammenfassung wurde von Dr. Ludwig Haas auf Grundlage des Führers „Die Kirchen der alten Pfarrei Tengling" von Siegfried Müller verfasst. Dieser Führer, in dem eine genaue Beschreibung des Altars und detaillierte Darstellungen auch der anderen Tenglinger Kirchen enthalten sind, ist unter anderem beim Tenglinger Bäcker erhältlich. Weitere Informationen stammen aus dem Artikel „Die Ausstattung der Kirchen" von Yvonne Schmidt im Heimatbuch des Landkreises Traunstein, V. Der nördliche Rupertiwinkel."

Die merkwürdigen Zeichen auf der Rückseite des Altars hat der Emil gleich mit der Cam, und da hast du es, Türen verführen, denn die kleine Holzfalltür im Fußboden hinter dem Altar mussten der Hubert und die Daisy ja unbedingt öffnen, und dann…

5

Eine immer dicker werdende Schicht geistiger Vulkanasche überzieht inzwischen jeden einzelnen seiner Gedanken, wodurch sich sein geistiger Ausbruch deutlich verlangsamt, bis er unter seiner geistigen Asche langsam erstickt wird, während er weiter und weiter hin und her überlegt, immer wieder in den Berichten der Gerichtsmediziner blättert, bis ihm seine Augen brennen. „Feierabend für Heute, kommt eh nichts dabei raus", denkt Klaus Zauner. Er ist verblüfft und ratlos zugleich. Früher hätte ihm ein solcher Fall weniger ausgemacht, weniger Grübeln, mehr Routine. „Na ja, das Alter", denkt er. Früher hätte er die zwei Goldmünzen so lange hin und her gedreht, bis er den Fall gelöst hätte. Und jetzt? Irgendetwas ist merkwürdig. Anders. Anders als sonst. All die ganzen Fälle und Morde, die Zauner in den Jahrzehnten seines Berufslebens vorher bearbeitet hatte, waren im Verlauf der Ermittlungen doch irgendwann von einer gewissen Logik behaftet, „aber diese Morde sind scheinbar völlig unabhängig voneinander verübt worden, und trotzdem gibt es einen Zusammenhang.

Bei zwei Leichen haben wir ein antikes Goldstück gefunden, und beide Goldstücke sind gleich. Warum war bei der dritten Leiche kein Goldstück? In allen Leichen wurden Reste eines seltenen Schlangengiftes gefunden. Sofortige Atemlähmung. Bewusstlosigkeit nach ein bis zwei Sekunden. Tod durch Ersticken. Eigentlich ein schöner Tod. Na ja. Das Sterben kann schön sein, man muss es nur mögen."

Früher wäre Zauner nach frustrierenden Arbeitstagen nachts durch sämtliche Kneipen gezogen, und am nächsten Vormittag wäre der riesige Kater gegen Mittag in aller Regel einer Erleuchtung gewichen, deren Intensität jeden Fall schon bald einer schnellen Lösung zugeführt hätte. Heute ist das ganz anders. Mit Neunundfünfzig spürst du schon das Alter. Es reicht gerade noch für die Stammkneipe, und da sitzen auch immer nur die Gleichen.

„Das Geile am Leben ist, dass die ganzen Idioten auf diesem Planeten alle irgendwann sterben müssen."

„Bist du heute schlecht drauf, Christiane? Oder gibt´s noch mehr Leichen?"

„Nee. Aber ich wette, du bist heute auch nicht super drauf. Schau mal in den Spiegel, Klaus."

„Okay. Einsnull für Dich, Christiane. Aber bloß keinen Spiegel. Der stirbt nämlich."

„Hast Du das heute in der Zeitung gelesen? Die Mumie von Taching. Unter der Wallfahrtskapelle. Mensch, wie hieß die noch. Da waren wir doch letztens. Angeblich Einbrecher. Waren aber keine mehr da."

„Du meinst St. Coloman?"

„Danke Klaus! Ganz genau. St. Coloman hieß die. Die Kirche auf dem Hügel. Da bei Tengling. Oberhalb vom Tachinger See."

„Und was ist mit der Mumie? Ich hab nämlich heute noch gar nichts gelesen. Außer bis kurz nach Mitternacht Obduktionsberichte. Die bringen uns aber auch nicht so richtig weiter."

„Die Mumie ist gar keine richtige Mumie, sondern ein mumifizierter Ritter in voller Rüstung. Kreuzritter oder so. Den haben Preußen gefunden. Urlauber aus dem Ruhrpott. Der saß in voller Montur auf einer Art Thron aus Stein, direkt unter dem Altar in einer Art Gewölbe. Irre, oder?"

6

„Pass auf Emil. Wennse in sonne alten Gemäuer hintern Altar jehs und ne verstaubte Holzklappe im Boden aufmachs, det hat noch nie wat Jutes jebracht, wa. Und wennse dann auch noch wie der Emil mit de Detektive runtersteigs inne Gruft, wa, denn bisse jeliefert, wa. Det is jenau wie bei uns in Berlin mit dene janzen Hitlerbunker, wa. Alles det Gleiche, wa."

„Wenn du irgend wo machste an Scheiß, iste koan Problem, abba hier, wennste kuckst, iste Leben."

„Danke, Achmed, alles klar. Große Pizza mit Allem. Ohne Tonno."

„Geht klar. Ofe iste noch heiß. Sonst noch wer?"

Spätestens jetzt werden sich die kritische Leserin und der kritische Leser natürlich folgende Frage stellen: Worum geht´s hier eigentlich? Du natürlich auch, oder? Quasi das Warum ist wichtig, der Zusammenhang, die Goldstücke, die Mumie, die Obduktionsberichte und und und.

Also pass auf. Die Leichen enthielten alle das Schlangengift, quasi Mord durch Ersticken. Klar, oder? Und jetzt wäre natürlich noch die Frage offen, warum denn der hängende Mann im Wald noch mehr Tot gemacht werden musste, obwohl doch das Ersticken an sich schon tot genug gemacht hätte, also warum dann auch noch die grässlichen Verstümmelungen als mörderische Dreingabe, das wüssten wir an dieser Stelle natürlich schon gerne, aber diese Grundsatzfrage wird uns wohl nur der Mörder selbst beantworten können, aber der oder die sind ja noch nicht ermittelt, und da siehst du wie hilfreich bei solch schwierigen Ermittlungen einem echten Sherlock ein Zusammenhang werden kann, quasi Aha!, und die Zusammenhänge werden ja immer mehr, zum Beispiel die Goldstücke, das Gift, und jetzt auch noch der Mumienritter in St. Coloman, der hatte nämlich auch so ein Goldstück bei sich, genau so eins wie der hängende Mann im Wald, wie der tote Pastor im Golf, nur die Else hatte keines, und das ist dem Klaus Zauner und der Christiane natürlich auch höchst merkwürdig vorgekommen, aber die werden im Moment auch noch von anderen Widrigkeiten des Lebens geplagt, denn gerade als die Christiane sich im Polizeipräsidium Rosenheim in der Damentoilette auf die Toilettenschüssel gesetzt hat, bekommt sie ihre Regel, und natürlich schon wieder keine Hilfsmittel dabei, und der Zauner steht im Hof und möchte endlich eine rauchen, und natürlich schon wieder das Feuerzeug irgendwo liegengelassen, und die Ruhrpottler und die Berliner sitzen beim Achmed, und jetzt kommen dem Zauner wieder diese Gedanken, und daran denkt man doch nur, wenn man im Hof steht und rauchen möchte, und das Feuerzeug fehlt, denn wenn er jetzt ein Feuerzeug gehabt hätte, hätte der Zauner einfach die Zigarette angezündet und gedankenversunken geraucht, quasi an so gut wie gar nichts gedacht, aber so, also ohne den Rauch, da schaust du dir den monotonen Innenhof und dein blödes Bürofenster im dritten Stock von Außen an und denkst an die Sybille, weil du danach noch drei Mal mit ihr, du weißt schon, die Weihnachtsfeier, aber der Antholzer hat bestimmt auch mit ihr, zumindest besteht ein dringender Tatverdacht, aber was nutzt das schon, die Sybille hat gesagt, sie sei schon im dritten Monat, und wenn nicht bald was passiert, dann ruft sie nächste Woche deine Frau an, und dann stehst du da, wie der begossene Pudel, und da siehst du, was solche Gedanken für weitere Ideen freisetzen können, denn plötzlich ist dem Zauner wieder eingefallen, dass er das Feuerzeug in die linke Hosentasche gesteckt hat, und genau so ist es, und dann kommst du ja doch noch zum Rauch, und alles wird gut, und jetzt stell dir vor, kaum hast du sie angezündet, geht das Handy, und wer ist dran, a Preiß!, der Pressefritze aus dem Ruhrpott, der Emil.

„Zauner! Wos is?"

„Spreche ich mit Hauptkommissar Zauner?"

„Jo. Wo brenntsn?"

„Ja brennen eigentlich weniger. Eher gruften."

„Hobts scho wieder a Mumie?"

„Nein. Aber die St. Coloman Mumie. Also der mumifizierte Tempelritter. Templer, also Ritter vom Tempel Salomons, so nennt man die auch, das hat ein Bekannter herausgefunden der auch mit war, anhand des Umhanges und der Rüstung, sagt er, der war früher Kunstlehrer am Gymnasium, jetzt ist er Rentner, der Hubert. Also der Templer stammt wohl etwa aus dem dreizehnten Jahrhundert."

„Herns. I hob nich an gonzen Tog Zeit mir ehrnerne Rittergeschichten anzumhern. Wos gibt's also. Mochen ses kurz."

„Der Ritter hatte unter der Rüstung eine verschnürte Ledermappe mit vergilbten alten Schriften."

„Bringens des bitt schön ois do her. Des soan Beweisstücke. Ehrnernen Ritter homma ja scho in da Gerichtsmedizin."

Aber der Emil hat noch mehr beim Ritter gefunden. Das hat aber niemand mitbekommen, und so hat der Emil den antiken goldenen Ring mit den Initialen *H.K.* vom Mumienfinger gezogen und schnell in die Jackentasche zum verstaubten kleinen Lederbeutel gesteckt, den der Ritter um den Hals trug. Im Pensionszimmer hat der Emil dann den Lederbeutel vorsichtig geöffnet, und was er dann gefunden hat, das hat den Emil umgehauen: Zwei Metalldöschen mit je einem Rollfilm darin!, und das hätte ich natürlich auch nicht gemacht, solch spektakuläre Funde der Polizei übergeben, denn was sollen die damit anfangen, außer sie irgendwann in der Asservatenkammer verschwinden zu lassen, genau wie im Vatikan, und das kannst du mir glauben, wenn ich der Emil gewesen wäre, da hätte ich niemandem etwas verraten, außer natürlich dem Herrn Meier, denn der hat ja im Keller seines Hauses das Fotolabor, und ob du es glaubst oder nicht, der Emil ist mit den Filmen schnurstracks zum Herrn Meier, und die ließen sich sogar noch gut entwickeln, und jetzt kann´s losgehen…

7

„Mama! Herr Meier hat mir wieder was verraten."

„Was denn, Steffi?"
„Unter der Kirche. Da ist was."
„Wo? Unter unserer Kirche?"
„Ja!"
„Und was soll da sein?"
„Eine ganz ganz dunkele ganz ganz unheimliche Gruft."

Herr Meier hat ja die zwei für ihn äußerst wichtigen Hobbys. Das Fotografieren und die Archäologie. Da hat er schon so manche Merkwürdigkeit vor seinem Objektiv gehabt und ist in alten Krypten und unheimlichen Katakomben umhergeschlichen, denn wer kann schon wissen, was einen da unten alles erwartet, aber die Neugierde, die ist es, die den Herrn Meier in jede noch so düstere Höhle und in jede noch so moderige Gruft lockt, und dann werden natürlich Entdeckungen gemacht, die sich außer dem Herrn Meier eigentlich kaum jemand freiwillig zu entdecken getraut hätte, und selbstverständlich wird auch jedes noch so kleine und jedes noch so merkwürdige Artefakt an Ort und Stelle genauestens fotografisch dokumentiert.

Anschöring sagen die Kirchanschöringer auch heute noch oft zu ihrem Dorf. Der Name wird bereits im achten Jahrhundert nach Christus in den Aufzeichnungen des Salzburger Bischofs *Arn* erwähnt. Kirchanschöring gehört zum Rupertiwinkel. Der Name Rupertiwinkel geht auf den Heiligen *Rupert* zurück, einem Vorgänger *Arns* auf dem Salzburger Bischofsstuhl.

Der markante Kirchturm der Kirchanschöringer Kirche ist aus Tuffstein gemauert. Herr Meier kennt die Kirche in und auswendig, zumindest hat er das immer geglaubt, bis er etwas seitlich in der Apsis, warum eigentlich?, wohl aus reiner Neugierde, den Teppich etwas angehoben hat, und dann hat er sie entdeckt, die kleine Falltür, und da siehst du es, Türen verführen, und weil niemand in der Kirche war, hat der Herr Meier ruck zuck den Teppich beiseite geschoben und die Falltür geöffnet, und ob du es glaubst oder nicht, dann hat der Herr Meier seine kleine Taschenlampe angeknipst, die hat er immer dabei, und dann ist er über die uralte Steinstiege da runter gestiegen, und ganz hinten stand der riesige Steinsarkophag, aber um den geht´s ja momentan noch gar nicht, denn neben dem Steinsarkophag lagen die fünf kleinen Steintafeln mit der merkwürdigen Keilschrift darauf. Die

Tafeln hat der Herr Meier dann blitzschnell in seinen kleinen Rucksack gesteckt, und dann aber nichts wie raus aus dem Keller, und oben angekommen, war noch immer niemand in der Kirche, also hat Herr Meier schnell die Falltür geschlossen und den Teppich wieder darüber gezogen, und kaum hat er die Kirche wieder verlassen, schon ist ihm Hochwürden entgegengekommen.

„Grüaß ehrner, Herr Meier!"

„Habe die Ehre, Herr Pfarrer!"

Die Zauberpuppe von der kleinen Steffi heißt ja auch Herr Meier, und weil die Zauberpuppe nämlich einen ganz besonderen Draht zum Herrn Meier hat, kriegt sie selbstverständlich alles genau mit, was der Herr Meier Neues entdeckt und fotografiert hat, und weil die Zauberpuppe aber wirklich gar nichts für sich behalten kann, weiß die kleine Steffi natürlich auch immer sofort Bescheid, und das ist schon ganz schön unheimlich, findest du nicht. Ich kann mir gut vorstellen, dass die Zauberpuppe noch so manche Ungereimtheit ausplaudern wird, und da siehst du, wie schwierig kleine Kinder mit Zauberpuppen sind, das denkt auch der Zauner, denn wenn der Fall sowieso schon so ungereimt erscheint, quasi unlösbar, und dann noch jeden Tag neue Botschaften von der Zauberpuppe und die Mumien und die Preußen und und

und, und die Sybille ist auch schwanger, also wer da nicht verrückt wird, der war es vorher schon.

Und jetzt pass auf. Herr Meier hat ja etwas Unglaubliches in der Kirchanschöringer Kirchenkrypta entdeckt, und wie sich später noch herausstellen wird, sind die Schriftzeichen auf den Steintafeln Sumerisch, und das hat die Zauberpuppe der kleinen Steffi natürlich auch gleich ins Ohr geflüstert. Doch um einen halbwegs nachvollziehbaren Zusammenhang zu diesem Sensationsfund des Herrn Meier in der Kirchenkrypta von Kirchanschöring herstellen zu können, müssen wir in der Zeit weit zurückreisen, nämlich in die Zeit des dritten Kreuzzuges, an dem auch die Tempelritter, auch Templer genannt, teilgenommen haben…

Aus *WIKIPEDIA(Juni 2013)*:

„(…)Am 16. April 1192 hielt Richard mit den Prälaten und Baronen des Reiches ein Konzil ab, auf dem diese sogleich Konrad zum neuen König von Jerusalem wählten. Als Entschädigung für Guido verkaufte ihm Richard den Kreuzfahrerstaat Zypern als Lehen, wo dieser ab Mai 1192 ein eigenes Königreich etablierte. Noch bevor Konrad von Montferrant zum neuen König von Jerusalem gekrönt werden konnte, wurde er allerdings am 28. April auf offener Straße von zwei Assassinen erstochen. Ob Richard mit den Mördern in Verbindung stand, ist ungewiss. Konrads Nachfolger wurde, mit Zustimmung der Barone und Prälate des Reiches sowie Richards, Heinrich II. von Champagne, der dazu die Witwe Konrads, Isabella, heiratete.

Kampf um Jaffa

Während sich Richard nun Ende Juli 1192 mit dem Hauptheer in Akkon befand, gelang es Saladin, mit einem Gegenangriff Jaffa zurückzuerobern. Die neue muslimische Garnison wurde jedoch wenige Tage später wieder von Richard, der sich mit einer relativ kleinen, aber gut gerüsteten Truppe einschiffte, überrumpelt und Jaffa für die Kreuzfahrer gesichert (*siehe* Schlacht von Jaffa).

Frieden mit Saladin

→ *Hauptartikel: Vertrag von Ramla*

Am 2. September 1192 kam es schließlich zu einem diplomatischen Abkommen zwischen Richard und Saladin. Die Eroberungen Richards an der Küste

Palästinas wurden bestätigt – mit Ausnahme der Stadt Askalon, deren Befestigungsanlagen wieder geschleift und die Saladin übergeben wurde. Christlichen Pilgern wurde der freie Zugang nach Jerusalem ermöglicht. Außerdem einigten sich die beiden Herrscher auf einen dreijährigen Waffenstillstand. Richard verließ am 9. Oktober 1192 Palästina, womit der Dritte Kreuzzug beendet war.

Rückreise

Als er auf der Rückreise durch Österreich kam, ließ ihn Leopold V. gefangennehmen und lieferte ihn schließlich an Kaiser Heinrich VI. aus. Erst nach der Zahlung eines hohen Lösegeldes und Leistung des Lehnseids auf Heinrich wurde Richard 1194 freigelassen.

Folgen des Kreuzuges

Der Dritte Kreuzzug hatte sein Ziel, die Rückeroberung Jerusalems, verfehlt. Die Präsenz der Kreuzfahrer im Nahen Osten wurde aber durch die Errichtung des Kreuzfahrerstaates Zypern und die Wiedererrichtung des Königreichs Jerusalem – mit Akkon als neuer Hauptstadt – vorläufig gesichert. Es war gelungen, in der Zeit, als sich Saladin auf dem Höhepunkt seiner Macht befand, die drohende völlige Vernichtung der Kreuzfahrerstaaten zu verhindern. Schon 1193 verstarb Saladin, und die Wirren um seine Nachfolge verschafften den Kreuzfahrerstaaten eine weitere Atempause.

Bereits während der Belagerung von Akkon gründeten deutsche Kreuzfahrer eine Bruderschaft zur Krankenpflege, aus der sich im Jahre 1198 der Deutsche Orden mit Sitz in Akkon entwickelte.

Der Dritte Kreuzzug zeigte deutlich, dass sich die Einzelinteressen der teilnehmenden Herrscher nicht mit der Idee vom gemeinsamen Kampf der Christen vereinen ließen. Ab dem Dritten Kreuzzug vertraten viele Kreuzfahrer nun die Ansicht, dass für eine nachhaltige Befreiung Jerusalems von muslimischer Herrschaft zuvor die Eroberung des ayyubidischen Kernlandes Ägypten notwendig sei. Durch die Spannungen mit Byzanz schied zudem der Landweg als möglicher Anreiseweg für ein Kreuzfahrerheer ins Heilige Land faktisch aus. Das Vorbild Friedrich

Barbarossas motivierte auch dessen ältesten Sohn Heinrich VI. 1197, seinen Deutschen Kreuzzug zu unternehmen, der wegen des frühen Todes Heinrichs aber ebenfalls scheiterte…"

H.K. hatte auch am dritten Kreuzzug teilgenommen und war bei der Eroberung Akkons dabei. Er war Komtur (= Abt/Oberst) einer gut ausgerüsteten schlagkräftigen Templereinheit und stand auf Seiten Leopold V., der gute Beziehungen zu Kaiser Friedrich I. (genannt *Barbarossa*), dem Vater Kaiser Heinrich VI, hatte. Aber jetzt, wer war *H.K.*, quasi der goldene Siegelring, die Dokumente, die entwickelten Fotos und und und? Sein Name ist *Hubertus Koch*, doch jetzt wird´s unheimlich: die vergilbten Schriften in der verschnürten Ledermappe und die entwickelten Fotos. Die Schriften beschreiben magische Gegenstände und ein Zauberritual, welches Raum- Zeitreisen ermöglicht. Auch der Ort, von wo aus diese Reisen möglich sind, wird genau beschrieben. Es ist der Untersberg bei Berchtesgaden. Und noch etwas Unheimliches enthält die Ledermappe. Die Schriftstücke weisen den mumifizierten Ritter eindeutig als den deutschen SS General *Hans Kammler* aus, also ebenfalls *H.K.*, wie es auf dem

Ring steht, der angeblich am 09. Mai 1945 starb. Auch die Fotos aus dem Lederbeutel zeigen Szenen aus dem Zweiten Weltkrieg, der Schlacht um Akkon und verschiedene Ruinen im damaligen Ägypten und im damaligen Gebiet des heutigen Irak. Also sind der Templerkomtur *Hubertus Koch* und *Hans Kammler* ein und dieselbe Person? Ganz genau. Und ohne Zweifel ein Zeitreisender! Aber wonach suchte Koch/Kammler? Und Irgendetwas muss schief gelaufen sein, sonst wäre der Ritter nicht tot und mumifiziert in der Krypta gesessen...

Zum Tod *Hans Kammlers* steht bei *WIKIPEDIA(Juni 2013)*:

„(...) **Tod Kammlers**

Am 3. April 1945 war Kammler das letzte Mal bei Hitler und machte ihm offensichtlich Hoffnungen. „Kammler macht sich ausgezeichnet, und man setzt auf ihn große Hoffnungen." (Goebbels, Tagebuch 4. April 1945). Während Kammler im Führerbunker noch den schneidigen General gegeben hatte, deutete er am 13. April gegenüber Speer seine Zukunftspläne an. Der Krieg sei verloren, und es wäre besser, sich jetzt noch abzusetzen. Er wolle sich mit den Alliierten in Verbindung setzen und ihnen neueste

Rüstungstechnologie im Tausch gegen seine persönliche Freiheit anbieten.[14]

Nach dem 23. April 1945 fuhr Kammler zunächst nach Ebensee in Österreich, wo es zu einem Treffen mit SS-Führern kam, und am Morgen des 4. Mai dann nach Prag. Gegenüber dem Journalisten Gunter d'Alquen prophezeite Kammler, „dass wir in Prag noch etwas erleben werden".[15] Am Abend des 4. Mai begann der Prager Aufstand. Am 9. Mai 1945 besetzte die Rote Armee die Stadt.

Kammler verübte am Abend des 9. Mai 1945 Suizid.[16] Dies stellte sich im Verlauf des am 9. Dezember 1957 in Arnsberg begonnenen Prozesses gegen die Untergebenen Kammlers wegen des von seiner Einheit vom 20. bis 22. März begangenen Massakers an Fremdarbeitern im Arnsberger Wald heraus. Dabei wurde in der Entscheidung des Landgerichtes festgehalten, dass Kammler sich in Begleitung seines Ordonnanzoffizieres und eines Fahrers Anfang Mai 1945 in Prag befand und den Prager Aufstand und die Kapitulation der deutschen Truppen erlebte. Am 9. Mai flüchtete er mit zwei Kraftwagen aus der Stadt. Nachdem er schon vorher geäußert hatte, "es habe für ihn keinen Zweck mehr", ließ er in einem Waldgebiet südlich von Prag halten. Er forderte seine Begleiter auf, sich nach Deutschland durchzuschlagen, und begab sich in den Wald. Kurze Zeit danach wurde er dort von seinem Ordonnanzoffizier und dem Fahrer tot aufgefunden. Er hatte offensichtlich mit Hilfe von Zyankali Selbstmord begangen. Die Leiche wurde von den Anwesenden sodann notdürftig an Ort und Stelle begraben.[17]

Durch Beschluss des Amtsgerichtes Berlin-Charlottenburg vom 7. September 1948 ist auf Antrag der Witwe Jutta Kammler der Tod von Hans Kammler für den Todeszeitpunkt 9. Mai 1945 gerichtlich festgestellt worden.(…)"

Über *Hubertus Koch* ist nur wenig überliefert. Er soll für mittelalterliche Verhältnisse überdurchschnittlich groß, sehr schlank und kräftig gewesen sein. Nach Beginn der Verfolgung(Inquisition) der *Katharer* („Der **Albigenserkreuzzug** (1209 bis 1229) war ein von Papst Innozenz III. initiierter Kreuzzug gegen die von der katholischen Kirche als ketzerisch betrachtete Glaubensgemeinschaft der Katharer in

Okzitanien (Südfrankreich). Die Katharer wurden aufgrund ihres frühen Wirkens in der französischen Stadt Albi auch als **Albigenser** bezeichnet. Der Albigenserkreuzzug leitete den Untergang der Katharer ein und brachte als politisches Ergebnis die Eingliederung Okzitaniens in den Herrschaftsbereich der französischen Krone. Im Unterschied zu anderen Kriegen, die gegen die Katharer und andere christliche Häresien unternommen wurden, besaß nur der Albigenserkreuzzug von 1209-1229 den offiziellen Status eines Kreuzzugs.", *WIKIPEDIA*, Juni 2013) und *Templer* taucht ein *Ritter Hubertus* als Berater und Heerführer der Herzogin von Brabant auf. Es gilt als gesichert, dass es sich hierbei um *Hubertus Koch* alias *Hans Kammler* handelt, dessen damaliges Alter mit einhundertachtundvierzig Jahren angegeben wird. Mit etwa einhundertsechzig Jahren soll er immer noch wie ein junger Mann ausgesehen haben und mit seiner Ritterschar mit einem Schiff über England nach Südirland gefahren sein. Dort sollen sie ein Kloster gebaut oder wiederaufgebaut haben und dort fortan gelebt haben. Hier verläuft sich ihre Spur.

Im *Thule Tempel Wissensbuch (Juni 2013)* steht über *Hubertus Koch*:

„(…) Hubertus Koch im Orient

Hubertus Koch war deutscher Tempelritter und Templer-Komtur, der ebenso, wie andere Templer, seinen Dienst und seine Pflichten während der Kreuzzüge im Morgenland den Tempelherren widmete. Bevor er wieder nach Deutschland wollte, beabsichtigte er die Spuren der Kuthäer in Mesopotamien zu erforschen. Unter König Sargon II. war Samaria zu einem assyrischen Siedlungsgebiet geworden. Auf diese Weise war der alte babylonisch-assyrische Glaubenszweig der „Kuthäer" nach Palästina gelangt, eine dualistische Glaubensrichtung, die einstmals von der mesopotamischen Stadt Kuthar ausgegangen war. Koch nahm an (was im 20. Jh. u.a. Friedrich Delitzsch bestätigte), dass die ursprüngliche Lehre Christi mit der kuthäischen verknüpft gewesen sein muss. Es gab also vielleicht eine Verbindung des wahren Christentums mit den Göttern und Lehren der Assyrer, anstatt mit dem El Schaddai-Jahwe und dessen Lehren im Alten Testament in der Bibel. Auf dieser Reise durch Mesopotamien, während eines Übernachtungslagers im Raume des alten

Ninive(s), erschien Hubertus Koch die Wesenheit Isais. Sie wies ihm in seiner Vision den Weg zu einem fernen Berg im Abendland. Dorthin solle er mit seinen treuesten Genossen ziehen, ein Haus bauen und da warten bis sie, Isais, dort erscheinen und wichtige Weisungen für ein neues goldenes Weltzeitalter geben würde, dessen Weg er und die seinen der Welt bereiten sollten. Koch identifizierte dies mit dem in der Apokalypse Johannis verheißenen „tausendjährigen Reich" (Kap. 20). In fünf Jahren, so sprach die „Göttin" Isais, werde sie zu jenem bezeichneten Berg der alten Götter, nämlich zum Untersberg, kommen. Bis dahin solle er mit den seinigen dort auf sie und das kommende Werk vorbereitet sein.

Hubertus Koch am Untersberg

Koch wusste, welchen Berg im Abendland die Isais-Erscheinung bezeichnet hatte: Den Untersberg bei Salzburg, einen Wohnsitz der alten germanischen Götter. Hubertus Koch stammte wahrscheinlich aus der Gegend von Linz in Oberösterreich und hatte von dort aus schon Reisen nach West- und Norddeutschland, wie auch ins Elsaß unternommen. Er kannte den Untersberg also vermutlich nicht nur aus Sagen, sondern auch vom Ansehen her. Im Jahre 1221 erreichte Hubertus Koch mit seiner kleinen Ritterschar den Untersberg. Am Fuße des Berges, der heute Ettenberg heißt, und ungefähr auf der gegenwärtigen bayrisch-salzburgischen Grenze liegt, errichteten Koch und die seinen ihre erste Komturei. Dieses Gebäude steht nicht mehr, doch Spuren der Sockelmauer sind noch immer erkennbar. Man findet sie von dem kleinen Grenzort Marktschellenberg aus an der Ettenberger Straße. Auch ein kleiner, einst wohl künstlich angelegter Teich, der frühere „Isais-Weiher", ist noch vorhanden. Anschließend wurde ein zweites Gebäude errichtet, das sich in großer Höhe, unmittelbar am Untersberg selbst, befunden haben muss. Der genaue Ort ist jedoch nicht sicher überliefert. Dieses Haus, das vermutlich nicht sehr aufwendig gebaut war, muss als unauffindbar gelten. Es ist wahrscheinlich erst um 1230 erweitert und dann häufiger benutzt worden. Sicher besaß es eine unmittelbare Anbindung an eine der zahlreichen Untersberghöhlen, denn in einer solchen ist der „Isais-Tempel" für den „Isais-Schatz" errichtet worden, von dem es heißt, die Ritter konnten ihn durch einen unterirdischen Gang erreichen. Später wurde dieser Zugang von ihnen selbst verschlossen und unkenntlich gemacht. Das erste bezeugte Erscheinen der Isais am Untersberg fällt in das Jahr 1226. Von da an sollten die Isais-Erscheinungen zwölf Jahre lang anhalten, gipfelnd in der Übergabe der großen „Isais Offenbarung" im Jahre 1238.

Hubertus Koch und die Herren vom Schwarzen Stein

1227 oder 1228 erfolgte die Verselbstständigung der Ritterschar um den Komtur Koch. Einige Jahre später – es ist nicht sicher, wann genau –, nannte sich die Gemeinschaft „Die Herren vom Schwarzen Stein". Dies dürfte jedoch erst nach der Übergabe des magischen schwarz-lila (indigo) Steins durch die Göttin Isais stattgefunden haben. Die Gemeinschaft um den Komtur Koch – „Die Herren vom Schwarzen Stein" – war wahrscheinlich anzahlmäßig nie groß und gewann wohl doch, gewissermaßen aus der Stille heraus, einigen Einfluss. Noch in seiner Funktion als Tempelritter wurde Koch überdies in Irland der Rang eines Ehrenkomturs verliehen.

Verbleib von Hubertus Koch

Über den Verbleib des Komturs Koch ist nichts bekannt. Angeblich wurde er in Lille gefasst und auf dem Scheiterhaufen verbrannt, doch das war im Jahre 1341, er hätte damals also weit über hundert Jahre alt gewesen sein müssen. Es kann sich hier kaum um den echten Hubertus Koch gehandelt haben, sofern die dieser Behauptung zugrunde liegenden Quellen nicht überhaupt fehlerhaft sind. Der Legende nach, hat Koch, wie auch andere Männer und Frauen seiner Ordensgemeinschaft, mit Hilfe der Isais den „Einheriar-Weg" (Siehe auch Sage von den einsamen Ritter und DHvSS Gedicht) beschritten und dadurch die Fähigkeit erlangt, ohne zu altern unsterblich auf der Erde zu wandeln, bis das Werk am neuen Weltzeitalter erfüllt ist. Tatsächlich finden sich nach etwa 1240 keine griffigen Spuren der „Gemeinschaft vom schwarzen Stein" mehr, wie sich der Orden mit der Aufnahme auch weiblicher Mitglieder zuletzt nannte.(…)"

„Emil! Du has ja wohl voll einn anne Klatsche. Dat meinsse ja wohl nich in Echt, oda. Der Achmed der soll mal die starken Berberschnäpse nachn

Essen wechlassn. Dat macht nämlich nur dat Gehirn weich."

„Dat du dat nich kappiers Ingo is schon klar. Aba deswegen muss dat doch noch lange nich allet falsch sein, oda wat meins du Hubbert. Erzähl uns dat mit die Götterhäuser und der Urreligion und mit die beiden Zaubersteine und der Zauberfigur und mit der schwarzen Sonne und die Zeitreisen und dat Allet doch noch Mal bisken ausführlicha. Und denn kannsse ja gleich noch wat sagen, wat die Tafeln von Herrn Meier allet zu bedeuten haben, oda."

„Gets Daisy sach du do au mal wat dazu. Du kenns dich do no besser aus damit als wie der Hubert."
„Gut Ingo, aba nich wieda doof lachen, wennsse wat nich verstehs."
„Is klar Daisy. Aba gets leech mal los. Vielleicht wer ich denn au mal bisken schlauer, oda wat meins du, Emil."
„Dat möcht ich mal erleben, Ingo, dat du no mal schlauer wiers."
„Also gut. Ich erzähl euch jetz mal wat. Dat ist quasi dat, wat die Tempelritter auch schon wussten. Dat kommt von die alten Sumerer oder sogar noch früher, und dat wussten später auch die Babylonier und die Ägypter

und die Juden, und die ganz frühen Christen kannten dat auch noch, und dat nannte sich bei denen dann Urevangelium, dat hat die katholische Kirche aba später allet verschwinden lassen, und die Templer und die Katharer, die ham dat allet wiederentdeckt, und denn könnt ihr euch ja vorstellen, wat dann los war, als dat der Papst Innocent III. rausgekricht hatte und später der Papst Clemens und wie die alle hießen. Also die Sumerer und die Babylonier und die Assyrer und die Juden glaubten dat wohl auch so ähnlich, also die glaubten, dat die Götter Außerirdische sind, also Gott auch, und die kommen alle aus vier verschiedene Dimensionen, oder Häuser oder Galaxien, dat kannsse sehen wiesse wills. In die oberste Dimension, also die höchste, oder sagen wa einfach mal Himmel, die *Urreligion* nennt dat auch *Himmelreich*, da wohnen *Gott-IL, Ischtar, Maria, Maria-Magdalena* und *Eschthor* und denn einn tiefer, dat nennen die *Mittelreich*, da wohnen *Baal-Hammon, Marduk* und *Tanit*, aber gets müssta mich nich noch fragen, wat die wirklich allet können, dat würde nämlich wirklich zu lange dauern, wenn ich euch dat namlich au no allet erzählen würde, und noch einn drunter, quasi der dritte Raum, dat nennen die *Kuthagracht*, da wohnen nur die *Isais* und *Malok*, und gets wisst ihr endlich au mal von wo die *Isais* herkommt, und ganz unten, quasi der vierte Raum, dat kannsse auch ruhich Hölle nennen, da wohnt *Jaho*, die Juden haben den später *Jachwe* oder *Jawe* in dat alte Testament genannt, deswegen meinen ja auch einige, dat die Juden in Wirklichkeit nämlich Teufelsanbeter wären, und in dat Urevangelium steht dat nämlich auch noch so drin, und dat die Päpste die Kreuzzüge gemacht haben und dat die die ganzen Leute verbrannt haben, dat hat bestimmt auch wat mit der Teufelsanbetung zu tun, deswegen ham se dat Urevangelium nämlich auch ganz schnell verschwinden lassen, damit dat bloß niemand rausfindet, aba die *Templer* warn da schlauer, deswegen wollte die katholische Kirche die auch so schnell wie möglich beseitigen, dat ging aba allet nich so einfach, wie der Papst sich dat gedacht hatte, weil die nämlich inzwischen Zauberkräfte hatten weil die mit den alten Göttern Kontakt hatten. Habta dat gets allet einigermaßen verstanden oda gibtet noch Fragen?"

„Daisy. Dat hätte ich euch nich bessa erklären können, oda Emil."

„Hasse Recht Hubert. Danke Daisy!"

„Gets mal weiter. Du Emil. Kanns du uns schon wat sagen, wat mit die alten Steintafeln is, die der Herr Meier inne Kirche gefunden hat und wat da draufsteht und wo die her sind und so."

„Ne Daisy. Dat kann ich nich. Abba der Herr Meier hat irgendwie rausgefunden, dat die früher im Mittelalter in Burg *Halmberg* verwahrt wurden. Dat hadda wohl in irgendwelche alten Schriften nachgelesen. Die Burg gibtet wohl seit 1470 nich mehr. Da war früher auch ein *Pfleggericht* von die Fürstbischöfe von Salzburg drin. Heute siehse im Wald nur noch der Burghügel, sonst nix mehr. Dat liegt oberhalb von Waging aufm Wonneberg. Paar Steine vom Weg siehse noch undn Stück vom Burggraben, dat is vom Wald aber allet fast total zugewaksen. Aba vielleicht gibtet im Burghügel ja aunoch sonne Krypta. *Burgstall* nennen die dat da oben. Da müssn wa mal hin."

8

Der Zauner hat einen merkwürdigen Anruf erhalten, und dass dem Zauner mitten unterm Telefonieren auch noch die beiden Worte Buckelzirpe und Zilpzalp eingefallen sind, das hat natürlich das Gefühl von derer Merkwürdigkeit nicht gerade abschwächen geholfen.
     Und jetzt pass auf. Die Merkwürdigkeit. Ein Kommissario Minetti aus Venedig ruft an und bietet dem Zauner seine Mithilfe an, weil er von den unheimlichen Morden und dem Mumienritter erfahren hätte, und natürlich gleich die Frage von wem erfahren, und dann die Antwort, klarer Fall von wem denn sonst, vom Emil, und jetzt natürlich die Frage was macht der Minetti in Venedig, quasi Frage Fußstreife, Fahrradstreife, Motorbootstreife und und und, und alles falsch: Mordkommission, aber Sonderdezernat, und da staunt der Zauner nicht schlecht, denn der Minetti ist in Venedig so etwas ähnliches wie der *Fox Mulder* bei den *X-Akten* vom FBI im Fernsehen, und da hätte der Zauner den Minetti ja fast schon gefragt ob er auch die *Agent Scully* kennt, aber dann war das

Gespräch plötzlich unterbrochen, und ob du es glaubst oder nicht, am nächsten Morgen sitzt der Minetti mit der Christiane im Büro beim Kaffee, und das kannst du dir ja vorstellen, wie so etwas den Zauner gefreut hat. Wenig später ist dann auch noch das Telefon gegangen, und gleich die nächste gute Nachricht aus der Gerichtsmedizin, der Mumienritter und der Baumtote sind spurlos verschwunden, bleiben also nur noch die Else und der Pastor übrig, und hoffentlich verschwinden die auch noch spurlos, denkt der Zauner, dann kann nämlich der Minetti auch gleich wieder verschwinden, und der Fall ist gelöst, aber so viel Glück haben der Zauner und die Christiane natürlich nicht, denn wenig später geht noch mal das Telefon, und schon wieder die Gerichtsmedizin, und was die alles mit den Leichen anstellen, da graust es einem ja direkt, also die in der Gerichtsmedizin haben dem Pastor und der Else eine totale Glatze rasiert, und dann haben sie bei beiden hinter dem linken Ohr diese Tätowierung, diese kaum zu erkennenden winzigen Keilschriftzeichen, entdeckt, und genau der hat dem Zauner nämlich gerade noch gefehlt, der Ritualmord.

    Und wie sie dann später, der Zauner, die Christiane und der Minetti, auf dem Weg zur

Gerichtsmedizin in München so gemütlich im Irschenbergstau gestanden sind, geht plötzlich das Handy vom Minetti, und wer ist dran, ein anonymer Anrufer aus Venedig, und da siehst du wie gefährlich das Leben eines italienische X-Akten Kommissario ist: „Wenn du nicht aufhörst rumzuschnüffeln, machen wir euch alle, einen nach dem anderen, kalt!"

Der Minetti meint, dass es sich um einen Geheimbund handeln könnte, der hinter den rätselhaften Morden steckt, und jetzt denk doch nur mal an die *Singenden Kinder* oder die *Maffia*, aber der Minetti hat schon einen Verdacht: „Der *Ordo Bucintoro*!"

Aus dem *Thule Tempel Wissensbuch(Juni 2013)*:

„Ordo Bucintoro

Geschichte

Um das Jahr 1510 gründeten **Emmerich d'Attile** und Marchesa **Antonia Contenta** in Verbindung mit deutschen und venezianischen Kaufleuten den Ordo Bucintoro (der schon damals den Beinamen „causa nostra" trug). Der Name ging auf eine legendäre Prachtbarke zurück, die wiederum nach dem Bucintoro-Fest der venezianischen Seeleute benannt war. **Der Bucentaur**, ital. bucintoro (goldene Barke), war das repräsentative Staatsschiff der Dogen von Venedig. Dieses hat seine Ursprünge zum teil noch in heidnischen Riten, es versinnbildlicht die Vermählung Venedigs mit dem Meer. Doch all das war für den neuen Geheimbund nicht von Bedeutung. Den Namen „Ordo Bucintoro" wählte die aus Rom stammende Antonia Contenta als Referenz an die damals mächtige Republik Venedig, die mehr Freiheit bot als andere Staaten.

Emmerich war Angehöriger der **Erbengemeinschaft der Tempelritter** und konnte Antonia für die alten Ideen begeistern. Der Orden bezog Quartier auf der Insel Murano, welche zur Republik Venedig gehörte. 1515 übernahm **Julietta da Montefeltro** die Leitung des Ordens. Wenig später gründete man weitere Niederlassungen in Wien und Dessau und begann sich langsam über Europa auszubreiten.

Die Gründung des Geheimbunds fand im Hause der einflußreichen deutschen Kaufmannschaft zu Venedig statt. Auch der Doge war zugegen.

Im Jahre 1512 bezog der geheime Orden ein eigenes Anwesen auf der Insel Murano. Drei Jahre später traf dort eine auffallend schöne junge Frau ein: Julietta. Man wußte nicht, woher sie kam, ob aus Venedig, vielleicht auch aus Mantua oder Florenz. Gewiß war nur, daß Antonia Contenta sie herbeigerufen hatte, damit sie ihre Nachfolge als Leiterin des Geheimbundes antrete. Antonia Contenta zog bald darauf mit ihrem Gatten nach Wien.

Ab 1516 amtierte Julietta als Sacerdotessa magna und Hochmeisterin des geheimen Bucintoro-Ordens. Sie verschwand spurlos im Jahre 1562.

Ziele

Die Ziele des Ordo Bucintoro reichten weit in die Zukunft hinein. Mit dem Wissen der **Templer** ausgestattet sah auch der Ordo Bucintoro sein Primärziel in der Schaffung des **Imperium Novum**, des neuen Reiches, in dem nicht mehr die Kirche ausschlaggebend sein sollte, sondern der freie, sich selbst bestimmende Mensch. Während die **Templer** dabei eher an einen deutsch-französischen Staat mit demokratischen Elementen dachten, strebte der Ordo vorrangig ein aristokratisches Kernland aus allen deutschen und italienischen Gebieten an. Die Aristokratie sollte jedoch neu gebildet werden. Den normalen Bürgern wurden persönliche Grundrechte zugestanden. Frauen würden die gleichen Rechte besitzen wie Männer, und der Wert des einzelnen nicht durch Abkunft, sondern durch Leistung bemessen werden. Ein neues Geldsystem war vorgesehen, das Horten und Mißbrauch von materiellem Reichtum ausschloß. Viele revolutionäre Ideen.

„Das neue Äon kann bloß bestehen und gedeihen unter dem Schirm des Imperium Novum. Das deutsch-römische Kaiserreich ist dazu ausersehen, es wird darum wiedererstehen." **Julietta da Montefeltro**

Der Bucintoro hatte bereits im Sinn, dass der neue Kaiser einst aus einer verborgenen Blutslinie hervorgehen sollte. Man sandte einen Brief an den deutschen Kaiser Rudolph II. (1578-1637), welcher sehr an geheimwissenschaftlicher Thematik interessiert war. In dem Schriftstück wurde seine Bedeutung für die Verwirklichung eines Neuen Zeitalters dargelegt, sowie die Information gegeben, dass ihm in nächster Zeit eine göttliche Sendbotin weitere Anweisungen geben werde. Diese erschien ihm tatsächlich.

„Die namenlose Besucherin ist erschienen aus diesem Licht, wie aus ihm sich zart bildend, und geschah so, wie angekündigt in dem zweiten Briefe. Alles geschah! Hat der Kaiser und König also besondere Pflichten, weit hinaus über alle anderen, die jetzigen, gerichtet in eine erst später kommende Zeit, fern genug, dass kein einzelnes Menschenleben genügt, sie zu durchstreifen, so gilt es weiterzutragen durch das Erbe des Blutes, das ist wohl wahr." **Rudolph II., Denkschrift an die Namenlose**

Zu Beginn des 20. Jahrhunderts tauchte in Prag ein Entwurf eines inoffiziellen Zusatztestaments von Rudolph II. auf. Demnach hatte der Kaiser tatsächlich einen unehelichen Sohn mit einer Frau, die Blutsnachkomme des römischen Kaisers Octavianus Augustus und aller Wahrscheinlichkeit nach auch Priesterin des Ordo Bucintoro war. Die Existenz einer verborgenen deutschrömischen Blutslinie scheint demnach gesichert zu sein.

Neben der Gründung eines neuen Kaiserreichs war vom Orden vor allem ein neues Wirtschaftssystem mit Zinsverbot und die Zerschlagung der Kirche geplant. Details über den geheimnisvollen Orden sind bis heute allerdings kaum bekannt geworden. Seine Spur verliert sich im Dunkeln. Angeblich soll er bis ins 18. Jahrhundert aktiv gewesen sein.(…)"

Aus *Mental-Ray(www.mental-ray.de/Juni 2013)*:

„DER TRAUM VOM IMPERIUM NOVUM.

Der Glaube an eine Wiederkehr des "Goldenen Zeitalters" und an das Kommen eines Reiches umfassender Reinheit und Gerechtigkeit ist so alt, wie Überlieferungen erhalten sind. Von Indien über den Orient bis Europa, von Ostasien bis zu manchen Mythen der Ureinwohner Amerikas. Auch im Christentum spielt diese Vorstellung eine wichtige Rolle, wie etwa die Johannes-Offenbarung bezeugt.

Im Mittelalter waren es insbesondere die Tempelritter, die dem verhießenem neuen Reich im neuen Äon zustreben wollten. Doch verhältnismäßig bald vermengten sich diese spirituellen Ideen mit weltlichen Aspekten. Das Gros des Templerordens wollte irdische Macht, und zwar gleich, nicht erst in einem fernen Neuen Zeitalter. Allein die "geheimwissenschaftliche Sektion" (Signum Secretum Templi) mit ihren Hauptsitz in Wien träumte weiterhin von dem großen, erhabenen Ziel. Unter der Führung Hugo von Weiteneggs wurden in Süddeutschland, Österreich und Italien sowohl praktische wie magische Maßnahmen ergriffen, die über die Jahrhunderte hinweg wirken sollten - bis an die Schwelle des 21. Jahrhunderts.

In der zentralen Großmeisterei zu Paris hielt man von dergleichen offenbar wenig, und in London, der kommerziellen Schaltstelle des Templerordens, noch weniger. Es gab aber beinahe überall zumindest kleine Gruppen von Templrittern, die sich den Gedanken Weiteneggs anschlossen. Der Einfluß dieser überwiegend spirituell ausgerichteten Ordensangehörigen blieb jedoch vorerst gering. Erst nach der Zerschlagung des Templritterordens, die in Frankreich begann und auch in den meisten anderen Ländern schnell vonstatten ging, verschob sich das Bild, da der gut gerüstete deutsche Ordenszweig sich erheblich länger behaupten konnte. Doch um die Mitte des 14. Jahrhunderts waren auch die allerletzten Kräfte des Templerordens erschöpft.

Was blieb, waren die in Wien und von Wien aus ins Werk gesetzten Vorbereitungen für das kommende neue Reich im Neuen Zeitalter - für das IMPERIUM NOVUM.

Dazu gehörte die Beschaffung der magischen Steine Ilua und Garil* (Gral). Ilua, quasi die weibliche Komponente, wurde an einem streng geheimgehaltenen Ort im Untersberg bei Berchtesgaden verborgen, der Garil, quasi die männliche Komponente, erhielt vermutlich sein Versteck auf Murano bei Venedig.

Die große FIGURA, in der zum gegebenen Zeitpunkt die Strahlungskräfte der beiden magischen Steine vereinigt werden sollten, ist wahrscheinlich zunächst in jener kleinen sehr versteckt gelegenen Burg in

Niederösterreich untergebracht worden, die eigens als "Figura-Burg" gedacht gewesen war. Die FIGURA dürfte dann aber über Genua nach Venedig verbracht worden sein.

Den Glaubensvorstellungen der "geheimwissenschaftlichen" Templer um Graf Hugo von Weitenegg gemäß, mußte der quasi männliche Stein "Garil" von Frauen betreut werden, der weibliche Stein "Ilua" hingegen von Männern. Für den Ilua im Untersberg war der Komtur Hubertus zuständig, für den Garil wahrscheinlich eine namentlich nicht bekannte Kaufmannstochter aus Genua. In welcher Weise die Betreuung der beiden Steine gedacht war und wie diese über mehrere Generationen vonstatten gehen sollte ist nicht überliefert. Es gab sicher bereits Blutserben, denn Weitenegg hatte für seine geheimwissenschaftliche Sektion den Zölibat aufgehoben, Nachkommenschaft ist also offenbar ausdrücklich erwünscht gewesen.

Durch Jahrhunderte scheint die Idee IMPERIUM NOVUM in aller Heimlichkeit geruht zu haben. Erst um 1510 wurde sie wieder lebendig, und zwar in Venedig.

Initiiert von der Marchesa Antonia Contenta und unter stiller Duldung, wenn nicht gar Förderung, durch den Dogen Leonardo Loredan, entstand ein rätselhafter Orden, von dem bis auf den heutigen Tag kaum konkrete Spuren zu finden sind: Der Geheimbund ORDO BUCINTORO, so benannt nach einer alten Legende um die Prachtgeleere 'Bucintoro', die einstmals in den Himmel geflogen sein soll, woraus sich auch das 'Bucintoro-Fest' der Seeleute entwickelt hatte. Bucintoro war also in gewisser Weise ein Sinnbild für die Verbindung zum Jenseits.

Dieser neue Orden, der von Anfang an unter strengster Geheimhaltung wirkte, verfolgte nun die Idee des IMPERIUM NOVUM. Dabei wurden die Vorstellungen der Templer durch weitere Details angereichert, die auf antike Quellen zurückgingen.

Obschon man im ORDO BUCINTORO sicher noch viel mehr als früher bei den Templern magische Mittel für ausschlaggebend hielt, wurde andererseits auch sehr systematisch gearbeitet. Binnen weniger Jahre verfügte dieser Geheimbund über ein Netzwerk, das sich über ganz Italien, Deutschland, Österreich und die

Schweiz erstreckte. Neben Venedig, wurde Dessau zu einer zweiten Drehscheibe ausgebaut.

Besonders seit dem Hinzukommen der Julietta da Montefeltro, entfaltete der ORDO BUCINTORO auch beachtliche diplomatische und ökonomische Tätigkeit.

Das maßgebliche Ziel aber lautete: Wege und Mittel ins Werk setzen, um zum richtigen Zeitpunkt - bei Aufgang des neuen Äons - handeln zu können. Dies hieß nicht weniger, als sich durch spezielle magische Vorgänge bei Lebzeiten auf Erden in die Lage zu versetzen, ganz nach belieben wiederkehren und für das neue Reich tätig werden zu können - auch in einem fernen Jahrhundert! Es wäre keineswegs falsch, vom Prinzip einer bewußten und zielgerichteten Wiederverkörperung zu sprechen. So unfaßbar dies klingen mag, sind die damit verbundenen Überlegungen doch geradezu verblüffend.

Es kann durchaus angenommen werden, daß die beiden magischen Steine Ilua und Garil sich noch immer in ihren Verstecken befinden. Ob auch die große FIGURA erhalten blieb, muß wohl als sehr ungewiß bezeichnet werden.

Der Geheimbund Ordo Bucintoro bestand zwar noch bis in das 18. Jahrhundert hinein weiter, doch sein Wirken dürfte vor allem zur Zeit der Julietta bedeutend gewesen sein, also etwa von 1515 bis 1570. Über Juliettas Verbleib ist nichts bekannt, der Legende nach soll sie eine "doppelt Unsterbliche" sein. Dies gründet auch darauf, daß, wie es heißt, ihr Aussehen sich in 55 Jahren um nichts verändert hätte, sie habe immer wie eine schöne junge Frau von etwa 25 Jahren ausgesehen.

Abermals verstrichen Jahrhunderte, ehe der Traum vom IMPERIUM NOVUM in der hier besprochenen Weise erneuert wurde. Dies nahm seinen Anfang wahrscheinlich im Herbst 1917 in Wien, gewann aber 1919 greifbare Gestalt in München. Die Schlüsselperson war wiederum eine junge Frau: Maria Orschitsch (Orsic), die Tochter eines aus Kroatien stammenden kuk-Beamten und einer Wienerin. Maria wurde in Wien geboren. Sie schloß sich frühzeitig der damals ausgeprägten deutschnationalen Bewegung an, deren Ziel u.a. die Vereinigung Österreichs mit dem Deutschen Reich war.

Im Jahre 1919 zog Maria zu ihrem Freund und späteren Verlobten nach München (ob es später zu einer Heirat kam, ist ungewiß, beide gelten seit 1945 als verschollen).

In München unterhielt Maria zeitweilig Verbindungen zum Thule-Orden, schuf 1921 jedoch gemeinsam mit Traute A.** und mehreren anderen Freundinnen einen eigenen Kreis, die "Alldeutsche Gesellschaft für Metaphysik" Diese zeigte sich zunächst vor allem als eine Vereinigung junger Damen, die u.a. einen engagierten Kulturkampf gegen die zu jener Zeit aufkommende Mode kurzer Frisuren für Frauen führte. Maria Orschitsch und Traute A.** waren ausgesprochen schöne Frauen, beide hatten hüftlange Haare (Maria blond, Traute dunkel-brünett). Lange Pferdeschwänze, eine damals ganz unübliche Haartracht, sind gewissermaßen das Erkennungszeichen jenes Damenkreises gewesen, welches intern auch beibehalten wurde, so lange die Gemeinschaft bestand, also bis Mai 1945. In der Öffentlichkeit bevorzugten die Damen aber bald Aufsteckfrisuren. Es ist zwar nicht belegt, aber durchaus denkbar, daß die in den überlieferten magischen Traditionen so hohe Bedeutung der langen Frauenhaare für diese jungen Damen die Brücke zu allem Folgenden bildete.

Von 1922 an beschäftigte sich dieser Kreis auch mit ganz anderen Dingen, die zwar auf quasi-magischen Schwingungsprinzipien fußten, de facto jedoch ins Technische reichten, worüber zu sprechen jedoch an dieser Stelle zu weit führen müßte. Seit diesem Zeitpunkt nannte die Gemeinschaft sich auch "Vri-Il-Gesellschaft" und dann "Vril-Gesellschaft."

Im Jahre 1934 wurde die Firma "Antriebstechnische Werkstätten oHG" gegründet, ein esoterische Vereinigung bestand hier somit nach außen hin nicht mehr. Das seit 1921 verwendete Zeichen, der 'Saetta Ilua' (der Blitz des göttlichen Lichts), wurde nun zum Firmenlogo und, quasi esoterisch, zum Symbol der Vril-Anschauungen.

Die Idee des IMPERIUM NOVUM ist ganz sicher ein zentraler Punkt im Bestreben der "Vril-Gesellschaft" gewesen. Der Damenkreis dürfte auch über erstaunliche Quellen verfügt haben, sowohl aus dem deutschen Mittelalter wie auch von dem italienischen Ordo Bucintoro der Renaissance.

Durch den Zweiten Weltkrieg sind von da an die Vorstellungen von der Schaffung des IMPERIUM NOVUM sicherlich eng mit einem erhofften Sieg der Achsenmächte verbunden gewesen. Speziell das Bündnis Berlin-Rom mußte ja auch geradezu wie die Erfüllung einer Prädestination erscheinen. Doch dieser Sieg blieb bekanntlich aus, was gleichsam das Ende der "Vril-Gesellschaft" bedeutete - und auch das Ende der Idee vom IMPERIUM NOVUM - - - oder ?

Es gibt das Gerücht, 1944 sei im Hinblick auf die Zukunft in aller Heimlichkeit eine Neugründung des ORDO BUCINTORO erfolgt, maßgeblich durch den italienischen Offizier und Fürsten Junio Valerio Borghese und den deutschen Offizier Otto Skorzeny. Sofern dies zuträfe, wären die Damen um Maria und Traute sicher mit dabei gewesen, das dürfte dann wohl mit einigem Recht angenommen werden.(…)"

Da hat der Zauner ganz schön sparsam geschaut, als der Minetti das alles aus dem Internet von seinem *Tablet* vorgelesen hat, und dass der Minetti so gut Deutsch spricht hätte auch keiner gedacht, und die Christiane hat gleich gefragt, ob das vielleicht mit den *Rechten* zu tun habe, du weißt schon, der *NSU*-Prozess und und und, aber da hat der Minetti ganz energisch abgewunken, eher mit den Außerirdischen, hat er gemeint, aber die besuchen uns schon lange nicht mehr mit den UFO´s, diese Technologie gilt nämlich bei den Göttern als veraltet.

    Der Irschenbergstau hat sich dann nach drei Stunden auch endlich aufgelöst, und dann konnten sie, kurz bevor die ihre Gerichtspathologie zugesperrt haben weil Feierabend, mit der großen Pathologenlupe der Else und dem Pastor noch mal kräftig hinters Ohr schauen und der Minetti hat alles fein säuberlich mit der Digitalen fotografiert bis der Akku leer war, und die Rückfahrt nach Rosenheim war genau so aufregend wie die Hinfahrt, der Stau ging jetzt nämlich schon in München los und zog sich fast bis zum Inntaldreieck, und das hat der Minetti natürlich gleich genutzt, um noch einige systemrelevante Texte von seinem internetfähigen *Tablet* vorzulesen, und da ist dem Zauner und der Christiane die Rückfahrt nach Rosenheim dann schon ganz schön schräg vorgekommen, und dass der *Heinz vom Stein*, du weißt schon, der *Toerringer* in der Höhlenburg, gar kein Frauenräuber und Frauenschänder war, weil er lieber die Augustiner-Chorherren vom benachbarten Stift Baumburg mochte, so etwas lohnt sich unter solchen Umständen ja fast schon gar nicht mehr zu erwähnen.

9

Der Emil, die Daisy, der Hubert, der Jacko(der schlaue Hund von der Daisy und vom Hubert) und der Herr Meier sind am Wonneberg unterwegs, die anderen Ruhrpottler sind heimgefahren: zu viele Mumien, zu viele Tote, zu viel Stress, und und und. Die ehemalige Feste *Halmberg*, heute *Burgstall* genannt, ist das Ziel, und ob sie wieder einen vertrockneten Ritter, oder alte Steintafeln, oder einen der im Wald am Baum hängt, oder einen Goldschatz finden werden, das steht noch komplett in den Sternen. Über den *Burgstall* schreibt *Leonhard Wimmer*(gestorben 2004), Ehrenbürger und Ortsheimatpfleger der Gemeinde Wonneberg, dass die Burg *Halmberg* etwa um 1470 bereits vollständig verfallen und mit Wald und Gebüsch überwuchert ist. Sie wurde von Ministerialen (niederer Adel: z.B. Baron/Freiherr) bewohnt, die als Pflegrichter(untere Gerichtsbarkeit und Abgabeneintreiber) für die Region Wonneberg von den Salzburger Fürsterzbischöfen eingesetzt wurden. Nach dem Verfall der Burg existierte das Pfleggericht weiter und zog nach Waging(am See) um. Als die Burg noch existierte, wurden dorthin auch gelegentlich unbotmäßige Würdenträger(z.B. ein Dompropst) verbannt. Im Mittelalter muss man sich auf dieser Burg bestimmt so vorgekommen sein, als sei man am Ende der Welt gelandet. Noch bis in die Zeit nach dem zweiten Weltkrieg werden am Wonneberg Winter mit mehreren Metern Schnee beschrieben.

Eine der wenigen Quellen zur Burg *Halmberg* berichtet über einen Streit (s.u.). Zu dieser Zeit hatten die Tempelritter um Hubertus Koch(und ihre Nachkommen?) das Reichsgebiet der Propstei Berchtesgaden wohl längst verlassen. Vermutlich wurden die Templer von Probst Wernher(der gute Beziehungen zu Kaiser Friedrichs I. (Barbarossa) Sohn Kaiser Heinrich VI. unterhielt), oder dessen Nachfolger gerufen und die Gründung ihrer Komturei unterstützt, denn in diese Zeit(1193 erstmals bewaffneter Überfall über den Pass Hallthurm) fallen die jahrzehntelangen kriegerischen Auseinandersetzungen mit Reichenhall u.a. um den Salzbergbau, die sogenannten *Salzirrungen*, so dass man kampferprobte Ritter wie die Templer, hinzu kommt, dass sowohl die Augustiner Chorherren(Pröbste in Berchtesgaden), als auch die Zisterzienser(Kloster Raitenhaslach), als auch die Deutschordensritter(s.

u.), mit den Templern sympathisierten, gut gebrauchen konnte.

Quelle(Burg *Halmberg*):

Ludwig - [RI VII] H. 3 n. 52

[1317] April 2, München

Kg. Ludwig teilt Ber[thold] dem Ergoldsbacher, Viztum bei der Rott und zu Straubing, mit, daß er Wolfher von Moosburg, noch Herr von Halmberg, seinen ehemaligen Viztum, nicht belastet habe wegen der Angelegenheit[1], die er mit dem Komtur von Gangkofen austrage, und daß das auf beider Bitte hin geschah.

Originaldatierung:
> *Gegeben [...] ze Mv°nchen an dem Osterabent* r.a. 3.

Überlieferung/Literatur

Abschrift dt. im Kopialbuch Perg. 15. Jh. im HStA München, L Deutschorden 3450 fol. 12r. — Abschrift 17. Jh. ebd., L Deutschorden 3452 S. 5.

Böhmer, RI S. 317 Nr. 2946.

Anmerkungen/Fußnoten

[1]Zur Auseinandersetzung um bestimmte Güter vgl. Wolfhers Urkunde von 1317 April 17 (Abschrift dt. im Kopialbuch Perg. 15. Jh. im HStA München, L Deutschorden 3450 fol. 14v—15v).

Empfohlene Zitierweise

[RI VII] H. 3 n. 52, in: Regesta Imperii Online, URI: http://www.regesta-imperii.de/id/1317-04-02_1_0_7_3_0_52_52 (Abgerufen am 11.06.2013).

Jetzt was ist passiert, nachdem sich alle beim *Parzinger* in St. Leonhard(am Wonneberg) ordentlich gestärkt, dann die Kirche mit den Flügelaltarbildern von *Gordian Guckh* (aus Laufen) besichtigt haben, und dann Richtung *Burgstall* gewandert sind: Die *nanokleinen Veganossi* sind wieder da! Also für die, die die *nanokleinen Veganossi* noch nicht kennen: Die *nanokleinen Veganossi* sind nanokleine Außerirdische und es gibt gute und böse, aber um die bösen geht´s hier nicht. Also die Guten(das machen die Bösen allerdings auch) haben Besitz von ihren tierischen und menschlichen Wirten ergriffen, und dann haben die plötzlich außerirdische Fähigkeiten, wie zwanzig Fremdsprachen sprechen und verstehen können, fliegen können, sich unendlich verkleinern und in andere Wirte eindringen können und und und, und wer die *nanokleinen guten Veganossi* in sich trägt, der hat plötzlich knallrote Haare oder einen knallroten Pelz, und dann kannst du dir ja vorstellen, jetzt denk mal Burg *Halmberg*, also der *Burgstall*...

Und jetzt pass auf, der Zauner, die Christiane und der Minetti, Polizeipräsidium Rosenheim, die Videoüberwachungs-CD vom Hauptbahnhof München, kommentarlos mit der Post auf den Schreibtisch vom Zauner, also Computer einschalten und rein damit, und was sie dann sehen verändert alles, denn da läuft der aus der Gerichtsmedizin München verschwundene Mumienritter in voller Montur quicklebendig mit einer bildhübschen schwarzhaarigen Frau(die Göttin *Ischtara* wird in alten Quellen so beschrieben, die Göttin *Isais* ist auch bildhübsch, aber blond) durch den Hauptbahnhof in München, die Frau ist auch wie ein mittelalterliches Burgfräulein gekleidet, wahrscheinlich wollen sie den Anschein erwecken, sie würden auf irgendein oberbayerisches Ritterfest fahren, und hinter ihnen läuft etwas wackelig ein Mann mit einer schwarzen Augenklappe, ganz normal gekleidet, auch quicklebendig und ganz sicher der hängende Mann vom Baum in Kirchanschöring. Kombiniere, würde jetzt der Sherlock sagen: Die Göttin *Ischtara* hat den Ritter erweckt, denn wenn man einen Eimer Wasser auf einen vertrockneten abruzzesischen Bergstrauch kippt, fängt der auch manchmal wieder an zu blühen, und beim Baummann hat sie dann wohl noch eine schnelle Zugabe gegeben, bloß mit dem Auge hat´s wohl auf die Schnelle nicht mehr so ganz geklappt, und den alten Pastor und die alte Else hat sie wohl nicht so recht mögen, also Liegenbleiben.

Und noch etwas, die Zauberpuppe von der kleinen Steffi, die sagt schon seit zwei Tagen keinen einzigen Ton mehr, quasi ätsch ausgezaubert, und jetzt kann´s losgehen…

10

Der schlaue knallrote Jacko mit den *nanokleinen guten Veganossi* im Kopf hat natürlich nicht lange buddeln müssen um im Wald den Eingang zum alten Burgkeller am *Burgstall* zu finden, und das war vielleicht ein schauerliches Loch, dieser moderige Eingang, und ganz gruselig geblasen und gewimmert hat es von tief unten, so als würde dort schon eine ganze Horde ausgewachsener Werwölfe oder Vampire auf sie lauern…

   Der Herr Meier steigt als erster abwärts. Mit der kleinen Taschenlampe kann er nicht weit leuchten, aber zumindest sieht er, wo er hin tritt. Der Jacko hat plötzlich angefangen laut zu bellen und ist davongerast, und die nanokleinen guten Veganossi haben wohl auch die Flucht ergriffen, denn sein roter Pelz hat sich schnell wieder in ein ganz normales struppiges Hundefell zurückverwandelt, und das ist kein gutes Zeichen, hat die Daisy gemeint, denn das hat er noch nie getan, und der Hubert ist noch durch den Wald ein Stück hinterher, aber dann hat er keine Puste mehr gehabt, und der Hund ist weg, und als der Hubert wieder am *Burgstall* ankommt, sind die Daisy und der Emil auch weg, offenbar sind sie dem Herrn Meier hinterher, aber weder der Emil noch die Daisy haben eine Taschenlampe, denn die hat der Hubert in der Jackentasche, und der Hubert geht ihnen nicht hinterher, denn der Abstieg in dieses moderige Verließ ist ihm zu unheimlich, also will er am Eingang warten bis sie zurückkehren, doch sie kommen nicht. Es dämmert bereits, und der Hubert ruft mit dem Handy den Zauner an, und der rückt nach ca. vierzig Minuten mit einer ganzen Suchmannschaft an. Schwer bewaffnete Spezialeinsatzkräfte steigen die moderigen Stiegen abwärts, an ihren Helmen sind starke Lampen angebracht, die den Gang gut ausleuchten, und schon bald erreichen sie eine Art Gewölbe, das an den Seiten von romanischen Säulen gestützt wird, die allerdings schon reichlich bröckelig wirken. Von diesem Gewölbe führen keine weiteren Gänge irgendwohin. Es sind Fußspuren zu erkennen, aber von der Daisy, vom Emil und vom Herrn Meier fehlt jede Spur. Die Lage ist eindeutig: Spurlos verschwunden! Hauptkommissar Zauner bricht den Einsatz ab, und als die anderen Einsatzkräfte bereits abgerückt sind klingelt sein Handy. Polizei Laufen. Ein toter Mann liegt in Kirchanschöring vorm Haus. Der

Zauner und die Christiane nehmen den Hubert mit und fahren hin. Der Notarztwagen aus Fridolfing ist noch vor Ort. Diagnose der Notärztin: „Plötzlicher Herztod. Keine Anzeichen auf äußere Gewalteinwirkung."

Zauners Handy klingelt erneut.

„Du Klaus. Die Ledermappe mit den Dokumenten vom Mumienritter ist spurlos verschwunden. Da ist heute einer von der Uni München da gewesen, und der hätte die gern genauer untersucht, und da haben wir festgestellt, dass die verschwunden sind."

„Habt ihr überall nachgeschaut?"

„Wir haben in jeder Ecke nachgeschaut. Nix!"

„Ok. Ich hab hier noch zu tun. Leiche in Kirchanschöring. Bis morgen."

Das war im September 2011. Es gab eine weltweite aufwendige Suchaktion nach den zwei Vermissten. Eine Sonderkommission wurde gebildet. Vergeblich! Im Oktober 2012 wurde die Suche endgültig eingestellt. Die englische Dogge, den Jacko, haben sie damals einige Tage später total verängstigt im Tierheim Traunstein gefunden. Der Hubert hat ihn dann mitgenommen…

11

„Du Emil. Wat meinsse wat mit den Hund und mit Hubert is? Die sind uns nämlich gar nich hinterher."

„Die warten bestimmt oben. Kummal Daisy. Da vorne. Ich glaub dat isn Gang. Sieht irgendwie merkwürdig aus. Ich nimm dat mal mitn Camcorder auf. Wo is eigentlich Herr Meier? Der war doch eben noch vor uns. Aus dem Gang kommt Licht. Dat is bestimmt Herr Meier. Gehn wa mal rein, oder."

„Emil! Siehsse dat. Da vorne liecht die Taschenlampe aufn Boden. Der Herr Meier is weg. Wir sollten besser zurückgehen. Abba wat is dat denn. Kummal da ganz am Ende. Dat komische violette Licht."

„Daisy wo bist du. Sach doch wat…"

„Ah! Unsere beiden Hobbyarchäologen. Nehmen sie Platz. Darf ich ihnen etwas anbieten. Vielleicht eine kleine Erfrischung. Sie werden einige Zeit meine Gäste sein. Aber seien sie beruhigt. Die Zeit wird ihnen hier unten sehr kurz vorkommen."

„Wer sind sie? Und wo sind wir hier?"

„Hans Kammler alias Hubertus Koch. Die schwarzhaarige Schönheit ist

Julietta da Montefeltro und die beiden schneidigen Herren da vorne sind meine beiden Adjudanten, falsch, der eine gehört zur Gräfin und der andere gehört zu mir. Und sie sind Daisy Schlucker-Pannhof. Frau von Hubert Pannhof. Beide ehemalige Lehrer. Frührentner. Einen Hund. Keine Kinder. Ihr Vater war der alte Schlucker. Entartete Kunst. Schon tot. Und der Andere. Nennt sich Emil. Kommt von Emil und die Detektive. Ist doch richtig, oder? Ein Zeitungsschnüffler aus Essen. Richtiger Name Hermann Woitkowiak. Eine Frage, Herr Woitkowiak. Sind sie wirklich so neugierig. Oder sind sie einfach nur dumm. Oder sind sie beides. Oder vielleicht total verrückt. Oder lebensmüde. Was sind sie, und was führt sie zu uns? Antworten sie!...Na gut. Keine Antwort. Dann sage ich ihnen jetzt wo sie sind. Sie sind im Allerheiligsten des Untersberges. Quasi mittendrin. Und sehen sie. Mein Ring. Und da vorne auf dem Tisch liegt die Ledermappe mit den Dokumenten und die Filme und ihre entwickelten Bilder und die Steintafeln vom toten Herrn Meier, alles wieder da. Sie werden in Kürze an einem Experiment teilnehmen. Genießen sie die Zeit bis dahin. Noch etwas Limonade gefällig. Oder etwas Konfekt. Das stammt aus Venedig. Wirklich hervorragend. Oder möchte die

Dame vielleicht zum Konfekt einen Espresso? Und sie Emil? Cognac bevor es losgeht?"

Es wird behauptet, dass das violette Licht aus der *Figura Baphomet* die *schwarze Sonne* sei, und wenn ihr violettes Licht auf den *Zauberspiegel der Isais* falle und von diesem auf einen Gegenstand hin reflektiert werde, so verändere sich dieser, werde der Lichtstrahl aus dem Spiegel jedoch auf einen Menschen geworfen, so verändere sich seine Dimension, man kann auch sagen er macht eine Raum-Zeitreise.

    Damit die *Figura* das violette Licht erzeugen kann, benötigt sie die beiden heiligen Steine, den *Ilua* (weibliches Prinzip=Gral) und den *Garil*(männliches Prinzip)…

12

Ägypten Ende Oktober 2012. Eine Reisegruppe besichtigt die Pyramiden. In einer Grabkammer finden sie eine deutsch sprechende Frau.

Die total verwirrte Frau ist nur mit einem orangefarbenem T-Shirt und einer total verdreckten Jeans bekleidet. Sie ist barfuss. Sie behauptet sie sei Priscilla Presley, und dass sie so schnell wie möglich in die USA zurück müsse.

Sie wird in ein Kairoer Krankenhaus eingeliefert und dort später von der ägyptischen Polizei vernommen. Die Befragung verläuft ergebnislos. Sie kann weder Angaben zu ihrer Person machen, noch weiß sie, wie sie in die Pyramide gelangt sein könnte. Sie hat kein Geld und keinerlei Dokumente bei sich, weder einen Personalausweis, noch einen Führerschein, einzig einen dunklen Stein in ihrer rechten Hosentasche, und auch zu diesem Stein kann sie keinerlei Angaben machen, weder wo sie ihn gefunden hat, noch wer ihr den Stein gegeben haben könnte.

Sie ist stark ausgetrocknet und muss mehrere Tage auf einer Intensivstation behandelt werden.

Danach wird sie zur deutschen Botschaft gebracht, wo man bald ihre wahre Identität herausfindet und ihren Mann anruft. Später wird sie zum Flughafen gebracht und während des Fluges nach Düsseldorf von einer Botschaftsmitarbeiterin begleitet.

Am Flughafen Düsseldorf warten schon der Hubert, der Jacko und viele Freunde, von denen sie stürmisch begrüßt wird. Auch das Fernsehen und die Presse sind gekommen.

Die Daisy erkennt niemanden wieder.

Einen Tag später wird sie ins Universitätsklinikum Essen eingeliefert. Sie hat starke Wahnvorstellungen…

13

Schwäbische Alb Anfang Februar 2013. Ein nur mit einem Jogging Anzug und Turnschuhen bekleideter Mann klingelt an der Tür eines Einödhofes. Der Mann ist halb erfroren. Er kann sich weder erinnern wer er ist, noch wie er dorthin gekommen ist.

Die Familie gibt ihm warme Getränke und hüllt ihn vorm Kachelofen in warme Decken ein. Sie rufen den Notarztwagen, der ihn in die *Ermstalklinik Bad Urach* bringt, wo er mehrere Tage intensivmedizinisch weiterversorgt werden muss. Danach bleibt er noch einige Tage auf einer allgemeinen Station und wird dann in eine Rehaklinik gebracht.

Emils Erinnerung ist Anfang Mai 2013 vollständig zurückgekehrt. Er arbeitet wieder als Reporter bei der Zeitung in Essen.

14

„Dat is ja voll die Härte, dat die Daisy immer noch die Anfälle kricht un die Stimmen hört. Oder wat sachs du, Emil?"

„Wenichstens hattse seit April die Erinnerung wieda voll wieda. Abba dat mit die Stimmen und die Krämpfe, also dat find ich auch voll hart. Und wie dat der Hubbert und der Jacko alles aushalten, dat möcht ich auch mal wissen, also ährlich. Sonn scheiß Urlaub, wie dat da in Oberbayern war, dat möcht ich nich noch einmal machen, dat kannsse aber glauben, Willi."

„Aso, noch wat. Ihr habt ja alle in unsere Abwesenheit schon zwei mal *Bibione Party* mehr gefeiert als wir mitfeiern konnten. Wie machn wa dat denn gets, dat dat für uns wieda gleich wierd, sach mal wat, Willi."

„Pass auf, Emil, ich seh dat ja so, und die beiden Huberts und die ganzen anderen meinen dat bestimmt auch. Wir sind ja übernächste Woche sowieso alle wieda in Bibione, und da machn wa dann sowieso schonma die erste Nachholparty, un denn feiern wa von meinn Bruder Hubert und von mir in diesen Jahr einfach der Geburtstach zwei Tage länger als sonst, dat is dann schon die zweite Nachholparty, un nächstet Jahr inn Februar is denn ja sowieso schon wieda *Bibione Party* angesacht. Wat meins du, Emil, klingt dat gut?"

„Dat kann nich besser klingen, Willi. Genau so machn wa dat."

15

Erinnerungen an eine frühere Bibione Party:

Die durch die guten nanokleinen Veganossi und ihre Verbündeten ausgelösten internationalen Ereignisse haben das kleine süditalienische Gebirgsdorf, wenn überhaupt, höchstens gestreift, und Veganossi, ob gute oder dämonische, gibt es hier keine mehr. Die kahlen Bäume strahlen in der Herbstsonne. Der Dreirad sitzt mit dem Fischhändler vor der Bar. Und die Zigarettenfrau. Und die Anderen. Espresso, Rauchen, Zeitung lesen. Keine Tagesgespräche.

 Und übrigens. Die Veganossi. Die sind offenbar weltweit komplett verschwunden. Es gibt keine Knallroten mehr. Beim Jovanni sind sie nachts und beim Kopernikus, und die sind jetzt auch nicht mehr knallrot und höchstens noch drei. Auch beim Emil. Und dem haben sie ganz leise noch etwas zugeflüstert, bevor sie aus seinem

Kopf verschwunden sind. Das hat der Emil aber nicht verstanden.

Also. Die vielen Geschenkmillionen. Die sind weltweit nämlich ganz schnell ausgegeben. Und *Börsenhippies* gibt es auch keine mehr. Und an der Wall Street regieren jetzt wieder die Banker und Broker. Und alle börsen wieder und Geld her und Geld weg usw. Und die Armen sind jetzt wieder arm und werden immer ärmer. Es gibt auch keine *Wüstenhippies* mehr. Die sind nämlich alle wieder Ölscheichs oder Diktatoren. Oder beides. Alles beim Alten? Mal sehen.

Der Hertenhubert hat schon telefoniert. Und alle kommen. Auch aus Italien. Und diesmal im Saal von der Stammkneipe weil so viele. Das Herbsttreffen. Ich sag nur: Bibione! Die dicke Hannelore wiegt hundertsiebzig und der Max bestimmt auch und die Hannelore und der Max sind die Wirte und die haben schon schön. Alles ist vorbereitet. Das Spanferkel am Grill und dreht sich. Der Riesentruthahn am Grill und dreht sich. Ein besoffener Gast am Stammtisch und fällt vom Stuhl und dreht sich. Kalte Platten. Warme Platten. Alles. Und der Beamer im Saal. Und die riesige Leinwand. Und erst mal zwei bis zehn Begrüßungskorn und fünf bis zwanzig Begrüßungspils an der Theke und dazu jeder die dicke

Zigarre. Also. Der Emil hat noch eine Kopie vom Camfilm und die wird auch. Und die Digitalfotos vom Hertenhubert und vom Willi und vom Ingo 1 usw. Beamer! Und kräftig trinken und essen, und das hab ich ja auch noch nicht gesehen, und das ist ja toll, und zeig doch noch mal das von vorher. Den ganzen Abend. Und nach Mitternacht dann der Camfilm vom Emil. Und jetzt pass auf! Genau zwanzig Minuten. Und der Emil gleich auf die Uhr. Und der Beamer flackert. Und dann unheimliche Knurr- und Grunzgeräusche. Und dann geht das Licht. Und der Hertenhubert total entsetzt und der Willi und alle. Der Strom im Saal ist total aber die Gaststube. Alter Schwede. Da stehen die dicke Hannelore und der dicke Max hinter der Theke. Und beide den vollen *Joker*. Also ich. Und dann tanzt die Wirtin den *Veits*. Und der Wirt auch den *Veits* und nur rechts herum und noch schneller und die Wirtin und irgendwann alle. Und nix wie rein mit dem Korn und immer rein mit dem Pils und noch eins und noch mehr bis alle total und die Musikbox und rumtata und bumsvallera und jede Menge Flüsterstimmen im Kopf. Und die Daisy wie frisch nach dem Schulbusunfall und der Hubert total entsetzt und lautes Flüstern im Kopf. Und der Rostock läuft laut grölend durch die Kneipe und eins zwei eins zwei und hoch den rechten Arm und drei vier das *Horst Wessels* dass die Morgana und fünf sechs die Morgana auch den vollen *Joker* aber sieben acht keine Stimmen im Kopf. Also. Die Veganossi sind wieder da. Der Camfilm! Die haben sich nanoklein im Digital vom Emil.

    Die gotische Bluesrockparty endet im Morgengrauen. Der riesige Flüssiggastank an der Rückseite des Gasthofs. Günstiger wird das Gas vorm Winter nicht mehr, hat die Hannelore zum Max. Und der gleich: Vollmachen! So. Der prallvolle Tank explodiert und bläst den Gasthof. Bis auf die Grundmauern, das Fernsehen und die Zeitungen. Und Dutzende Verletzte. Und jetzt kommt´s. Die Kripo! Die sucht den einarmigen Fremden. Brandstiftung? Und noch was! Der Explosionsknall. Der hat den *Joker* und die Flüsterstimmen wieder. Die sind jetzt bei allen weg…

Epilog

Der Zauner ist im Herbst 2012 in Frührente gegangen. Die Christiane arbeitet auch nicht mehr bei der Kripo. Sie hat einen Biobauern geheiratet und erwartet ihr zweites Kind. Alle anderen tun weiter fleißig Dienst bei der Polizei, und fast jeden Tag gibt´ s wieder neuen Wahnsinn. Das hört einfach nicht auf.

Mit den beiden Leichen, der Else und dem Pastor, soll es die Bewandtnis für ihren unheimlichen Tod haben, meinte der Zauner kurz vor seiner Pensionierung, dass sie in ihrer Jugend Kenntnis von einem antiken Schatz erlangt haben, vielleicht durch Liebesbeziehungen zu hochrangigen Nazis. Der Fall wurde als ungelöst zu den Akten gelegt…

Ach so, noch was. Neulich habe ich gehört, dass jemand von *Asten*, der Ort liegt in der Nähe des Klosters *Raitenhaslach*, mit seinem Auto eine Zeitreise nach *Altötting* und wieder zurück gemacht haben soll. In *Altötting* wurde er zwei Mal wegen Überfahrens einer roten Ampel geblitzt, und Asten habe er angeblich zu diesem Zeitpunkt nie verlassen, dafür gibt es dort angeblich acht

Zeugen. Das Bußgeldverfahren wegen zweimaligen Überfahrens einer roten Ampel in *Altötting* soll später, ohne irgendeine Begründung, einfach eingestellt worden sein…